「仏教論」シリーズ 3

悟りと救い

ENLIGHTENMENT AND SALVATION

大川隆法

Ryuho Okawa

まえがき

当会の仏法真理の歴史に関する基本書に『黄金の法』や『大悟《たいご》の法』がある。仏陀をはじめとする有名な仏教者についての簡潔《かんけつ》な叙述《じょじゅつ》がなされているが、登場人物とその基本的思想に焦点をあてて、一層専門的レベルの講義書が内部出版で出されている。

今回、幸福の科学大学創立にあたって、『仏教論』について取りまとめてほしいとの要望が文部科学省側から出されたので、私の仏教思想及びその解釈について、外部出版として公けにすることにした。仏教学の専門家の講義として十分に通用する内容であるので、幸福の科学大学の宗教的側面を支える力を持つものだと思う。

当会の仏教理解が十分に学問レベルに達しており、専門科目として教授するにたる内容となっていると思う。

本書を出発点として更なる仏教研究が可能になると考える。

二〇一四年　八月十日

幸福《こうふく》の科学《かがく》グループ創始者兼総裁《そうししゃけんそうさい》

幸福《こうふく》の科学大学創立者《かがくだいがくそうりつしゃ》　大川隆法《おおかわりゅうほう》

悟りと救い　目次

第1部　自力《じりき》と他力《たりき》
――『大悟《たいご》の法』講義①――

二〇〇二年七月十六日　説法《せっぽう》
東京都・幸福の科学総合本部にて

第2部　悟りと救い

――『大悟の法』講義②――

二〇〇二年九月四日　説法
東京都・幸福の科学総合本部にて

3 明恵《みょうえ》と親鸞

第1部　自力《じりき》と他力《たりき》

―『大悟《たいご》の法』講義①―

二〇〇二年七月十六日　説法《せっぽう》
東京都・幸福の科学総合本部にて

1　自力門《じりきもん》と他力門《たりきもん》

①「自力《じりき》と他力《たりき》」は『大悟《たいご》の法』の全体を貫《つらぬ》くテーマ

私の著書の「法シリーズ」の中に、『大悟《たいご》の法』（幸福の科学出版刊）と称《しょう》し、宗教的な悟《さと》り、特に仏教的なものについての本があります。内容的には、仏教的なものが多いのですが、一部、ややキリスト教的なものも入っています。

『大悟の法』の全体を貫《つらぬ》くテーマは何かというと、一つには、重要なテーマとして、「自力《じりき》と他力《たりき》」ということが言えるのではないかと思います。今回は、そういうことを中心にお話ししてみようと思います。

『大悟の法』の章立ては、第1章が「敵は自分の内にあり」です。第2章は「罪を許す力」で、罪の許しについての話です。第3章は「仕事能力と悟り」で、仕事能力と禅《ぜん》的な悟りについての話です。第4章は「大悟の瞬間《しゅんかん》」で、一九八一年三月に私が大悟したときの話から始まっています。第5章は「常に仏《ぶっ》陀《だ》と共に歩め」で、仏教的な悟りのまとめという感じになっています。

この各章を個別に説明するのではなく、一つの切り口として、「自力と他力」ということについて話をしたいと思います。そういうテーマについては、これまでも、何らかのかたちで、いろいろと話をしているとは思うのですが、「自力と他力について、特に取り出して説法《せっぽう》する」ということは、そんなにはなかったような気がするので、今回の法話《ほうわ》は何らかの参考になるのではないかと思います。

②自力門《じりきもん》は「難行道《なんぎょうどう》」、他力門《たりきもん》は「易行道《いぎょうどう》」

念のために述べておくと、仏教には、「自力門《じりきもん》」と「他力門《たりきもん》」という二つがあります。

自力門というのは、「自分で修行《しゅぎょう》して悟りを開く」という考え方です。そういう入り口のことをいいます。主として、いろいろなお経《きょう》の教学をしたり、坐《ざ》禅《ぜん》をしたりして、厳しい修行をするタイプです。これを自力門といいます。これは、基本的には仏教のオーソドックスなかたちです。

ただ、「自力門は難しすぎる。それだけでは、一般《いっぱん》の人たちには、ちょっと届かないのではないか。内容も、ちょっと易《やさ》しくしなければいけないのではないか」ということで、それをだんだん容易化する動きがあり、他力門もまた開かれて、広がりました。

他力門というのは、自力門の「難行道《なんぎょうどう》」、難しい道に対して、「易行道《いぎょうどう》」、易しい道と言われます。

他力門といっても、すっきりとは分からない人もいるかもしれないので、分かるように言えば、要するに「南無阿弥陀仏《なむあみだぶつ》」です。「『南無阿弥陀仏』と称《とな》えるだけで救われる」という、念仏《ねんぶつ》の教えがあります。日本で言えば、浄土宗《じょうどしゅう》や浄土真宗《じょうどしんしゅう》がそうですし、中国にも浄土教があります。こういうものが他力門です。

ただ、仏教全体を捉《とら》えれば、他力というものは、どこかには介在《かいざい》していることが多くて、純然たる自力と純然たる他力とに分けることは難しいのです。

結局、「ウエートがどちらにかかっているか」ということです。

自分の厳しい修行のほうにウエートがかかっているものを自力門といい、これは、やや難しいわけです。

一方、他力門は、「そんな難しい修行はできないから、それよりは、お救い、お助けを待とうではないか」というものです。「計《はか》らい心を捨てて、大いなる他力の助けを待とうではないか。それで、もう十分ではないか。あまり厳しい修行をしたり、秀才《しゅうさい》のように勉強ばかりしたりはできないではないか」ということで広がったのが他力門です。

この二つについて話をしてみようと思うのです。

2　仏教教団における修行《しゅぎょう》

①　釈尊《しゃくそん》の時代の仏教は自力門《じりきもん》

仏教の元、要するに釈尊在世《しゃくそんざいせ》時代の教えの中心は何であったかというと、自《じ》力門《りきもん》であったことは間違《まちが》いありません。

それはなぜかというと、釈尊自身が、この世に生きていた人だからです。

釈尊は、この世に生きていて、二十九歳《さい》で出家《しゅっけ》し、いろいろな山や野で、六年ないし七年、修行《しゅぎょう》をして、その後、菩提樹《ぼだいじゅ》の下で悟《さと》りを開きました。そして、自分も修行を続けつつ、同じく修行をする仲間を増やしていきました。出家修行をする仲間ができ、精舎《しょうじゃ》ができて、そこで修行し、やがて、教団が大きくなったので、お布施《ふせ》をいろいろ受けながら、在家《ざいけ》の人にも教えを広げていきました。そういうことであったのです。

したがって、「修行は各人が自分でするものだ」ということは、釈尊の基本的な考え方なのです。

出家修行者には、在家の人より厳しい修行があり、戒律《かいりつ》もたくさんありました。男性の出家修行者には、「二百五十戒《にひゃくごじっかい》」といって、「こういうことをしてはいけない」という禁止事項《じこう》や、修行のいろいろな徳目が、二百五十もありました。それ以外に、もちろん、教学がありますし、瞑想《めいそう》修行があります。それから、ひもじい思いもあったでしょうが、粗衣粗食《そいそしょく》の生活に耐《た》えなければなりませんでした。そういう修行があったのです。

在家の人の場合は、もうちょっと緩《ゆる》やかでした。「五戒《ごかい》」という五つの戒がありましたが、これも、「全部を守りなさい」とは言われなくて、「どうしても守れないものは、けっこうですから、守れるものを守ってください」と言われていました。そういうものを守りながら、あとは、説法《せっぽう》を聴《き》いたり、お布施をし、供養《くよう》したりするのが在家の修行です。すなわち、「職業を持ちながら、仏陀《ぶっだ》の教えを聴いて精進する」というのが在家の人の修行なのです。

そういう感じであったので、仏教の元が自力門であることは、ほぼ間違いないのです。

② 苦行《くぎょう》を捨てて中道《ちゅうどう》に入《い》った釈尊《しゃくそん》

釈尊《しゃくそん》は、出家したあと、最初の六年あまりは、ヨガ行者《ぎょうじゃ》のまねをして修行していたのですが、やがて、「これでは悟れない」ということが分かりました。釈尊が悟りを開く前の話は、当会の教えのなかにもあり、映画「太陽の法」にも出てきています。

釈尊は、普通《ふつう》のヨガ行者がする修行を一通りはしており、断食《だんじき》もして、本当に粟粒《あわつぶ》一つで生きているような状況《じょうきょう》にもなりました。釈尊が悟りを開く前に修行した前正覚山《ぜんしょうがくざん》にある祠《ほこら》には、あばら骨が出て、血管が浮《う》き出ている、非常に苦しそうな、やせこけた姿の釈尊の像が置かれています。

仏教にちょっと似ているジャイナ教では、「苦行《くぎょう》をして、そのまま死んだら、仏になれる」という考えをとっています。ジャイナ教は、「修行中に、そのまま死んでしまえば、それで修行が完成する」という考え方なのです。

ジャイナ教は、苦行そのものを徹底的《てってい》に説き、「修行者は無所有でなければならず、何も持ってはいけない」としていました。

仏教のほうの修行者は、もう少し物を持っていました。「三衣一鉢《さんねいっぱつ》」で、三つの衣《ころも》と一つの鉢《はち》を持っていましたし、精舎という住む所もあり、お布施をもらって、簡単な生活はできるようになっていました。

しかし、ジャイナ教では何も持ってはいけないので、修行者は、三衣一鉢の三衣も持たず、服を着ずに裸《はだか》で生活していたのです（裸行派《らぎょうは》。白衣派《びゃくえは》もある）。そして、「苦行をして死んでしまえば最高だ」という考え方をしていました。これがジャイナ教です。

釈尊は、苦行をやめて中道《ちゅうどう》に入《い》ったわけですが、そこのところで仏教とジャイナ教とは分かれたのです。

釈尊が中道に入ったことによって、仏教は世界宗教になりました。もし、釈尊が、中道に入らず、そのまま、やせ細って、ネーランジャラー河のほとりで死んでいたら、それはジャイナ教とほとんど同じです。一種の苦行中心であり、自力門といっても、難行道《なんぎょうどう》のいちばんきついものでしょう。それで死んでいくだけであれば、ヨガの一派《いっぱ》で終わったでしょう。

ジャイナ教はインド以外には広がっていません。それはそうです。インドは暑い国なので裸でもいられますが、ほかの国では、いくら何でも、それは無理です。そういうところがネックになったということもあるでしょう。

釈尊は、苦行をやめて、中道に入り、スジャーターという村娘《むらむすめ》の差し出した乳粥《ちちがゆ》を食べました。断食行をしている人から見れば、乳粥を食べるというのは、「堕落《だらく》した」と言って責められることでもあります。

しかし、釈尊が知ったことは、「苦行だけであれば、やってできないことはないし、現にやっている人はたくさんいる。しかし、見ていて、どの人も、それで最終的に悟りを得たという感じではない。自分についても、そうは思えない」ということです。

苦行をしている人は、一切《いっさい》の欲を断《た》つために修行しているのですが、肉体をいじめるだけだと、基本的に肉体のことばかりが気になるわけです。

食べ物を食べずにいると、食べ物のことしか考えられなくなります。不自然な姿勢での行《ぎょう》も、その姿勢ばかりにとらわれてしまいます。

鶴《つる》のポーズをして立つ人もいれば、茨《いばら》のなかで寝《ね》る人もいます。不眠不休《ふみんふきゅう》で、「ずっと寝ない」という修行をする人もいます。土のなかに埋《う》まり、首だけを出している人もいます。今も、インドには、いろいろな苦行をしている人がいます。しかし、一種のサーカスのように、変わったことをやり、それで金品《きんぴん》をもらっているように見えなくもないところがあります。

釈尊には、「これは、自分の求めている、本当の悟りではない」ということが感じられたのです。「もうちょっと肉体をいじめたら、この世の命はなくなって、あの世へ還《かえ》るだろう。しかし、自分は、この世で、まだ何もしていないではないか」ということです。

「王宮の生活を捨て、六年間、苦行をし、断食して死んでしまった」というだけなら、それは自分の死期を早めただけのことです。「死期を早めるだけのことが悟りなのかどうか。いや、そうではない」ということです。

それで、釈尊は中道に入ったのです。

その中道というものは、簡素な生活ではありますが、ある程度、人間的な生活でもあります。苦行を捨て、そういう生活をしながら、釈尊が得ようとしたものは何でしょうか。それは「智慧《ちえ》」であったのです。

人間にとって大事なものは、実は肉体の否定そのものではなかったのです。肉体を否定する修行のなかで得ようとしたものは、一般《いっぱん》的には精神力です。精神力と、漠然《ばくぜん》と言われるものです。しかし、もっと奥《おく》にあるものは何かというと、実は智慧であったのです。人間が本当に正しく生きていくための智慧です。

釈尊は、「死に急ぐ必要はない。『実在界《じつざいかい》に還ったときに困らないような生き方をするには、どうしたらよいか』という智慧を得ることが、実は修行の目的であったのだ」ということに気がついて、「人間が、この肉体を持って生きるかぎり、煩悩《ぼんのう》の種は尽《つ》きないけれども、そのなかで、いかに、自分を正し、人生を上手に生ききって、本来の世界に、あるいは、元いた世界以上の世界に還るか」ということを考えたわけです。

そして、釈尊は、そういうことを弟子《でし》にも教えていったのです。

この智慧の元にあるものは何かというと、教《きょう》、教えです。「人の生きていく道」という教えが生じたのです。その教えを学ぶことによって、それを体得した人は、智慧を得ました。智慧を得ることによって、みずからを照らすことができました。さらに、その智慧を他の人に分け与《あた》えることによって、他の人も、その光を得ることができるようになったのです。

これが仏教です。ジャイナ教との違いは、そこにあります。「単なる苦行だけであれば、やはり仏教とは言えないのだ」ということです。

そういうことが、釈尊の出家成道《じょうどう》の物語にあるわけです。

③仏教の修行《しゅぎょう》スタイルの変遷《へんせん》

仏教には宗派がいろいろあります。

禅宗《ぜんしゅう》には、みなさんもご存じのとおり、「ただ坐《すわ》る」という宗派もあれば、公案を中心とする宗派もありますが、いずれも坐禅《ざぜん》中心です。

これは、釈尊が肉体を持って生きていたときの修行《しゅぎょう》スタイルを、ある程度、まねようとする動きであることは間違いありません。坐禅は、釈尊も実際にやっていたことです。

ただ、坐禅といっても、インドのほうの川や岩場、山などを見れば分かるように、単にああいうかたちで坐ることに意味があったわけではないのです。現代であれば、別に岩場で坐禅をする必要はありません。それ自体には意味はなく、ああいう風習だったのです。

インドの人はやせていて手足が長いので、ペタペタッと足を折りたたむことができ、簡単に坐って、それで体を支えられるのですが、もうちょっと栄養のよい人種の人は、そう簡単には足を折りたためません。西洋人などは、足を折りたたむのも大変ですし、日本的な正座をするのも大変です。

インドの人は足をたたむのが簡単であるのに対し、西洋型の人は坐るのが苦手《にがて》ですし、胴《どう》が長くて足が短い日本人型の人も、坐ることへのこだわりはあるのですが、みんな、本当は坐るのが苦手なのです。坐ると、足のことばかりが気になって、なかなか精神統一ができないのです。

インドでも、場所によっては、坐禅をするときに、ときどきは枯《か》れ草を敷《し》いて坐ったりしていました。現代風に言えば、それは座《ざ》布《ぶ》団《とん》やクッションでもありましょうし、椅《い》子《す》やソファーでもありましょう。そういうものを使っても別にかまわないわけです。そういうことが問題ではなかったのです。

坐禅というものを修行としていますが、それは一つのポーズであって、必ずしも「そうでなければいけない」というものではありませんでした。一般的に、そのようにしている人が多かったので、そのスタイルを取り入れたということです。

禅宗では、かたちのほうは、まねているのですが、中身は、どのレベルまで行っているかは、種々《しゅじゅ》、問題はあるでしょう。

釈尊の弟子たちも、もちろん、瞑想の時間を持ったので、そういう坐禅の時間は当然ありましたが、それ以外に、説法の時間もあれば、托鉢《たくはつ》をする時間もあり、その他の日常生活をしている時間もあって、いろいろなことをしていました。

そして、よく歩いていたので、それが回峰行《かいほうぎょう》の元にもなっているでしょう。比叡山《ひえいざん》には千日回峰《せんにちかいほう》というものがあります。具体的には、円仁《えんにん》という人が中国に渡《わた》って、ずいぶんよく歩いて求法《ぐほう》したので、そのスタイルをまねたものなのですが、元はといえば、釈尊が、祇園《ぎおん》精舎と竹林《ちくりん》精舎のあいだを、毎年、何百キロも歩いて、行ったり来たりしていたことをまねたものでしょう。

現代では乗り物がかなり発達しているので、必ずしも「歩かなければいけない」というものではありません。「当時は、そのような生活スタイルであった」

ということであり、昔の人と今の人では違うでしょう。

仏教は、最初、今の禅のような感じで始まったのですが、そのあと、教えが固まってくると、「教えを広げる」というスタイルになっていったのです。

仏教教団は、釈尊の一生のあいだにも、かなり変化しました。最初のころは、釈尊とその修行仲間だけしかいなかったのですが、やがて出家者がどんどん増え、他の教団にいた人たちも帰依《きえ》してきて、教団はどんどん大きくなりました。経典《きょうてん》にあるとおり、「千二百五十人の出家者が揃《そろ》った」と言われるようになったころには、すでに大教団になっていて、拠点《きょてん》もできるようになっていました。

このようになってくると、もうヨガの行者とは違います。ヨガの行者は、群れずに個人でやっていますが、仏教教団は、大勢になってきたので、組織が必要になりました。組織ができると、組織の規律が必要になります。そういうことで、戒律ができてくるのです。

戒律は、職務規定と言ってしまえば身も蓋《ふた》もありませんが、いわば教団のルールです。「みんなが共同生活をするためにはルールが必要である」ということです。

例えば、学生寮《りょう》にはルールがあって、学生は、「こういうルールを守らないと、寮を出てもらいます」と言われます。「夜の十一時以降に騒《さわ》いではいけない」「お酒を持ち込《こ》んで飲んではいけない」「試験の期間中には、騒いではいけない。外泊《がいはく》してはいけない」「許可なく他人を泊《と》めてはいけない」など、いろいろな規則があります。

共同生活をするためには必ず規則ができます。仏教教団でも、いろいろな問題が起きるたびに、このような規則が順次できていき、増えていきました。根本的な教えとして、「こういうことをしてはいけない」というものもありましたが、それ以外に、共同生活のルールとしての戒律ができていき、それに則《のっと》って共同生活をするようになっていったのです。

仏教教団の出家者は、現代的に見ると、学生によく似ています。職業には就《つ》かず、学生をしていたのです。要するに、「研究や勉強ばかりしているので、生活のレベルは低く、その生活は町の人たちのお布施で成り立っていた」ということです。お布施は、今で言えば奨学金《しょうがくきん》でしょうか。自分では働いていないので、奨学金をもらっていたわけです。

奨学金をもらっているので、「品行方正《ひんこうほうせい》でなければいけない」ということで、出家者には戒律がありました。出家者は、戒律のあるなかで勉強していたのであり、寄宿舎生活をする学生のようなものであったと考えてよいのです。

出家者が結婚《けっこん》できなかったのは、学生であり、仕事に就いて収入を得ているわけではなかったからです。

今でも、一般的には学生は結婚できません。もちろん、例外はあります。親が裕福《ゆうふく》だったりして、学生結婚を許してくれたりする場合には、例外的に、学生でも結婚する人はいます。しかし、学生の本分はやはり勉強であり、卒業して職業に就かないかぎりは結婚できないのです。

出家者は学生だったので、風紀が乱れないように、男子学生と女子学生とに分けられ、さまざまな規則の下《もと》に、それぞれに勉強をしていたわけです。勉強には、教学もあれば、瞑想もありました。そういうかたちで修行していたのです。

仏教教団は、だんだん大きくなって名声が高まり、教団を支援《しえん》する在家集団も大きくなっていきました。そして、釈尊も次第《しだい》しだいに偉《えら》くなっていったことは間違いありません。

釈尊は自力から始まった人ですが、あとになって、だんだん教団が大きくなっていくにつれ、釈尊も偉くなっていき、一般の人から見ると、「仏が現成《げんじょう》してきている」という感じになってきました。

また、高弟《こうてい》たちも、それなりに、「後光《ごこう》が射《さ》した菩薩《ぼさつ》」という感じになってきました。出家者は、当然ながら修行をしているので、「ありがたい神通力《じんつうりき》、威神力《いじんりき》を持っているだろう」と思われ、在家の人は、出家者に、いろいろなことを相談したり、頼《たの》んだりするようなことも増えてきました。そのような関係であったと言えます。

仏教教団の発展形態として、後世、インドにはナーランダ学院もできました。

そこには一万人が住んでいたと言われていますが、これは、はっきり言って「大学」でしょう。

私はその遺跡《いせき》を視察してきましたが、かなり大きなものであり、そこで大勢の人たちが生活していたことが分かります。生協食堂のような、かなり大きな食堂があり、二人部屋のなかにレンガのベッドもあって、まさしく生活の場という感じです。最大で一万人もいたのですから、昔の学問の府《ふ》だったのでしょう。そういう感じだったと見てよいと思います。

このように考えると、全体の構造がよく見えてくるのではないかと思うのです。

3　念仏宗《ねんぶつしゅう》と禅宗《ぜんしゅう》

①　アングリマーラは「悪人正機《あくにんしょうき》」の実例

禅宗《ぜんしゅう》のほうは、確かに、スタイルそのものは、けっこう釈迦《しゃか》教団に似ています。

それとはいちばん離《はな》れているものは何であるかというと、易行道《いぎょうどう》のほうの念《ねん》仏宗系《ぶつしゅう》です。これは、ちょっと違《ちが》うように見えます。仏教の元の本筋から見ると、念仏宗系の教えと行動パターンは、かなりの異端《いたん》性があるように見えます。

釈尊《しゃくそん》が、本当に、「『南無阿弥陀仏《なむあみだぶつ》』と称《とな》えたら救われる」と教えたかどうかと考えてみると、「教えていない」と見てよいのです。

ただ、『大悟《たいご》の法』のなかには、「人殺しで有名だったアングリマーラが、釈尊に折伏《しゃくぶく》されて出家《しゅっけ》し、頭を剃《そ》り、袈裟《けさ》を着て、お坊《ぼう》さんになったら、尊《とうと》くなった」という話が書いてあります。

この話を出した理由は何かというと、「浄土真宗《じょうどしんしゅう》では、明治以降、親鸞《しんらん》の『悪人正機説《あくにんしょうきせつ》』を非常に強く打ち出しているので、それを意識した」ということです。

実数とは思いませんが、何百人もの人をあやめた人を出家させるのは、確かに大変でしょう。勇気も要《い》るし、普通《ふつう》は、ちょっとできないことだと思います。

本当に九百九十九人もの人を殺した人だったら、教団に入れて修行《しゅぎょう》させても、普通は、ほかの修行者たちによって、教団のなかから追い出されるでしょう。

「あんな人と一緒《いっしょ》に修行するのは嫌《いや》だ」と思うのは当然です。

また、「アングリマーラと一緒に歩くと、お布施《ふせ》をもらえない」ということも当然でしょう。街には、アングリマーラに親や兄弟を殺された人がたくさんいるのですから、彼と一緒に托鉢《たくはつ》に行ったら、お布施をもらえるわけはありません。

そういうことは現実に起きたのです。アングリマーラは、毎日毎日、托鉢の途中《とちゅう》で石つぶてを投げられ、血だらけになり、「私はもう駄目《だめ》です」と釈尊に言ったのですが、釈尊は、「ここで修行をやめてはいけない」と言って、修行を続けさせました。

周りの人たちは、なかなか納得《なっとく》しなかったのですが、アングリマーラが変化していく姿を見て、仲間の修行者たちも、街の人たちも、しだいに彼のことを認めていきました。

そういうことが歴史的事実としてありました。これは作り話ではなく、舎衛《しゃえ》城《じょう》の祇園精舎《ぎおんしょうじゃ》を舞台《ぶたい》として、現実にあった話です。インドには、アングリマーラのストゥーパ（墓《はか》）まで遺《のこ》っています。

悪人正機を言うとしたら、現実には、こういう例があります。それで、この話を出したのです。

アングリマーラは、菩薩《ぼさつ》になったかどうかはともかく、九百九十九人も殺したにもかかわらず、出家し、ある程度の悟《さと》りを開いて、ほかの修行者と仲間になれたわけです。

現代で、九百九十九人も人を殺した人というと、戦争以外では、ちょっと、いないでしょう。戦争でなら、それ以上の人を殺した人もいるでしょうが、普通の生活をしているのであれば、そういうことはまずないと思います。強盗《ごうとう》殺人犯であっても、なかなか十人以上もの人を殺せるものではありません。たいていは、多くても数名しか殺せないでしょう。

したがって、「このあたりの人までが救いの対象になるのならば、ほとんどの人が救いの対象になるのではないか」という広さが、ここにあります。

そういう意味で、他力門《たりきもん》にも根拠《こんきょ》がないわけではありません。アングリマーラの話は、「『悪人でも救われる』『悪人こそ救われる』ということも、歴史的事実から見て実例がないわけではない」ということを示しているのです。

② 釈尊《しゃくそん》は「阿弥陀仏《あみだぶつ》に祈《いの》れば救われる」とは説いていない

他力門のほうには、『阿弥陀経《あみだきょう》』『観無量寿経《かんむりょうじゅきょう》』『無量寿経《むりょうじゅきょう》』という「浄土三《じょうどさん》部経《ぶきょう》」があります。

『観無量寿経』には、阿闍世王《あじゃせおう》が父王や母親を幽閉《ゆうへい》して苦しめる話があり、そこに、「阿弥陀仏《あみだぶつ》に祈《いの》れば救われる」という話が出てきます。「救いの光に帰依《きえ》して救われなさい」という話です。

「阿弥陀」という言葉の元になっているのは、「アミターバ」という言葉です。これは、「無量光《むりょうこう》」「無限の光」というような意味です。現代的に言うと、「霊界《れいかい》の太陽の光」、あるいは「高級霊団の光」というぐらいの意味でしょうか。

そういう他力の話が『観無量寿経』に出てきています。

ただ、アングリマーラの話は歴史的事実としてあったことですが、この『観無量寿経』の話のほうは、やや後世の創作のようなところがあり、釈尊《しゃくそん》の直説《じきせつ》の説教としてあったものかどうかは、はっきり言って疑問です。かなり後代になってつくられたものと思われます。

ただ、後代につくられたものではありますが、お経《きょう》の制作者たちがそれをつくったのは、「他力の法門《ほうもん》が必要である」という認識があったからでしょう。「出家修行だけをしているのでは、宗教として完全ではない」という意識があったのだと思うのです。

インドには、仏教以外の宗教もたくさんありますし、よその地域から流れてきた宗教もあります。イランから来た宗教もありますし、紀元後にはキリスト教も流れてきています。そのように、いろいろな宗教が入ってきているため、『修行をする』という自力門《じりきもん》の教えだけでは、人々を救いきれない。特に在家《ざいけ》の人は救いきれない」という思いがあって、経典《きょうてん》制作者たちは、こういう他力の経文《きょうもん》をつくったのだと思われます。

阿弥陀仏というものが、釈尊の説教のなかに、ずばり出てきて、「阿弥陀仏という仏が極楽浄土《ごくらくじょうど》にいて、みなさんをお救いします」という説法《せっぽう》を釈尊がしたかというと、釈尊の四十五年間の説法のなかに、そういうものはありません。そういう説法は、間違いなく、していないのです。

ただ、釈尊は、「天上界《てんじょうかい》に高級諸霊がいる」という話は当然しています。「光が臨《のぞ》む」ということは説いていますし、「人が死ぬ際には、高級諸霊が迎《むか》えに来る」という話は当然しているのです。

人が死ぬに際して、その人を迎えに来る、救いに来る光の指導霊たちが、ちゃんといるので、そういう話はしていますし、「天上界には『救おう』と思っている人たちがたくさんいる」ということは、説法として出てきています。

そういうものの象徴《しょうちょう》として阿弥陀仏を言うことは、かまわないでしょう。それは、あってよいことではないかと思います。

あとは、経典制作者たちの文学的才能で、出来上がっているわけです。

しかし、釈尊は、在世《ざいせ》中に、釈尊以外の阿弥陀仏というものを本尊《ほんぞん》のように言い、「阿弥陀仏に祈れば救われる」という教えを説いたことはないので、その点だけを言えば、真宗系は、異端性は強いと言えます。

ただ、仏教の教えをつぶさに見れば、「アングリマーラのような悪人でも救われる」ということは、歴史上の事実としてあるし、釈尊は、「死んでいく者たちに対して、救いの霊たちが来ている」ということについての説法も当然しているし、それは現実にあることなので、「そういう話が出たことは、しかたがないのかな」と思っています。

釈尊の涅槃《ねはん》のとき、入滅《にゅうめつ》するときを記《しる》した経典のなかに、「弟子《でし》の一人が釈尊の前に坐《すわ》っていたら、釈尊が『そこをどきなさい』と言った」という話があります。

それを見た阿難《あなん》は、「あれだけ身の回りのお世話をした人に、『そこをどきなさい』と言うなんて、釈尊も、ずいぶん厳しいことを言うものだ。あれだけ修行した人を遠ざけようとするとは」と思いました。

しかし、なぜ釈尊がその人を遠ざけようとしたかというと、「私が涅槃に入《い》るというので、今、天上界の諸霊がたくさん見に来ている。ところが、私が寝《ね》ている場所の前に、あなたが坐っていたのでは、彼らは私が見えないではないか。そこをあけてやりなさい」ということだったのです。

「人が死ぬ際に天上界の諸霊が迎えに来る」ということは、釈尊も思想的に言っていたことです。他力門が出てきた背景には、そういうこともあるのでしょう。

ただ、それは釈尊の教えの主力でなかったことは間違いありません。

他力門は、後世、ほかの地域からも他力系の宗教がたくさん来ていたので、それへの対抗上《たいこう》、できてきたものであろうと推定します。

③釈尊《しゃくそん》は「只管打坐《しかんたざ》」ではなかった

他力の話をしたので、自力のほうの話もしようと思います。

それは、「禅の悟りというものが、どの程度のものなのか。禅の修行や教えは、本当に釈尊《しゃくそん》の真説を伝えているのか。あるいは、そうではないのか」ということです。スタイルとしては、確かに、似ている部分があるのは間違いないないのですが、「禅の修行や教えは釈尊の思想どおりなのか」という点は、検討されなければならないことです。

禅のなかには、「只管打坐《しかんたざ》（ひたすら坐《すわ》る）」を説く宗派がありますが、これは、ちょっと、「外見あって中身足らず」というところがあるのは事実でしょう。

前述した「『南無阿弥陀仏』で救われる」ではありませんが、そこでは、「仏は坐っていたのだ。坐禅《ざぜん》していたのだ。だから、坐禅をしたら仏になれるのだ」ということまで言う人がいます。ここまで来ると、中身はほとんどゼロです。これは、ちょっとひどいと思います。「スタイルだけは似せているけれども、中身が足りない」と言わざるをえません。

坐禅は、あくまでも、瞑想《めいそう》の手段としての入り口です。なぜ坐ったかといえば、立っていたら足が痛いし、横になったら眠《ねむ》ってしまうからです。坐るのが、ちょうどよいのです。これは中道《ちゅうどう》なのです。坐ってやると、あまり眠らないのです。立ったら足が痛くなり、横になったら眠ってしまいます。中道は坐ることです。そのため、坐ってやるのです。

坐って説法をすることは正統のスタイルです。インドでも、説法壇《だん》というものがありますから、坐って説法していたのは明らかです。

私は以前、東京ドームで立って説法をしていましたが、インドを視察したときに、「昔は坐って説法をしていたな。今は力が入《い》りすぎている。もうちょっと楽にしなければいけないな」と思ったものです。

インドには、ちゃんと説法壇があるので、坐って説法していたのは間違いありません。坐ってやるのが正統なのです。壇があり、そこで説法をするわけです。

『大悟の法』のなかには、禅宗の六祖慧能《ろくそえのう》という人についての話が出ており、その人の言行を記した『六祖壇経《ろくそだんきょう》』という本が挙げてあります。「六祖」とは、達磨《だるま》から数えて六番目の禅の師匠《ししょう》ということです。「壇経」とは、説法壇で話された話ということです。

今回の法話《ほうわ》では、この慧能のあたりについても、もう少し考えてみたいと思っています。

釈尊は、単に坐っていただけではありません。坐りながら何かを考えていたのです。

その中身については、「四諦《したい》・八正道《はっしょうどう》ではないか」「十二因縁《いんねん》ではないか。縁起《えんぎ》の理法だ」などと、いろいろ言われていて、諸説紛々《しょせつふんぷん》です。

　ただ、いずれも、数字ができすぎているので、「後世の教学でかなり固めたものを持ってきた」ということは事実です。仏教の初期、釈尊の時代に、そこまでカチッと数字的に固まったものがあったとは思えないので、後世の人が教えを整理し直してつくったものであることは間違いないのです。

　釈尊が考えていたことの中身は、そういう完成されたものではないでしょうけれども、「当たらずといえども遠からず」というところはあります。

　八正道を考えてみると、坐禅をして八正道をやっていたわけですが、八正道には、「正見《しょうけん》」「正思《しょうし》」「正語《しょうご》」など、項目《こうもく》がたくさんあります。それらを点検する以上、当然、考える作用は働きます。坐っているけれども、考えているのです。

　正見。正しく見たか。「見る」といっても、これは、信仰《しんこう》がなかに入っているので、正しい見解のことであり、「正しいものの見方、正しい人生観でもって見たか。正しい人生観を持ったか」ということです。

正思。正しく思ったか。

正語。正しく語ったか。

正業《しょうごう》。正しく一日の行動をとったか。

このように、全部で八つの項目を点検していきます。単に、一時間、二時間と坐っていただけではなく、一日の反省をしていたわけです。

これを見ると、「釈尊は只管打坐ではなかった」ということは間違いないのです。「考えていたのだ」ということです。これは、「禅は中身があった。中身がゼロのものではなかった。『単に坐る』というものではなかった」ということです。これは間違いありません。

4　空《くう》の思想の問題点

①大乗《だいじょう》仏教の特徴《とくちょう》――「信」と「空」

仏教が大乗《だいじょう》の時代になると、竜樹《りゅうじゅ》（ナーガールジュナ）（紀元一五〇～二五〇年ごろ）という人が出ました。竜樹は「八宗《はっしゅう》の祖《そ》」と呼ばれ、「大乗仏教は、すべて竜樹から出てきた」と言われています。

彼は哲学《てつがく》的な頭脳の持ち主であり、論理的な考え方やディベート的な話し方を多用する人であったので、この竜樹が出てきたあたりから、少し実態論としては仏教でないものが始まっていることは間違《まちが》いありません。

空《くう》の教えそのものは、釈尊《しゃくそん》の時代にも原形としてはあったのですが、それが強く言われ出したのは竜樹のころです。空という思想が出てきて、大乗らしくなってくるのです。

ただ、この空というのも曲者《くせもの》なのです。「一切《いっさい》が空」とされてしまうと、はっきり言えば、八正道《はっしょうどう》だって要《い》らないわけです。あんなにいろいろと考えるのは、もう面倒《めんどう》くさくなってきます。「一切は空なのだ」ということになれば、八正道は要らなくなるのです。「『南無阿弥陀仏《なむあみだぶつ》』で救われる」ということと同じで、「一切は空だ」と言われたら、もうそれで終わりですから、反省も何もなくなってしまいます。

これは、悟《さと》りを得た人が言うと、それなりの力はあるのですが、凡人《ぼんじん》がまねをしたら大変なのです。

これは六祖慧能《ろくそえのう》の「如来禅《にょらいぜん》」にもつながってくる問題です。ときどき、「本当に悟った人が、すごい言葉をズバッと言うと、言われた人の目が開《ひら》ける」ということがあるのは事実ですが、この空の思想は非常に怖《こわ》い思想であり、平凡に流れると、「何にでも効くようで、実は何にも効かない」という教えになりかねないのです。

慧能は、なかなか天才的な人です。『大悟《たいご》の法』のなかで私は彼を批判していますが、彼は地獄《じごく》に堕《お》ちているわけではなく、大菩薩《だいぼさつ》の一人であることは間違いありません。ただ、無学な人だったので、ちょっと無理して、ひねくってやるところがあったのです。

そして、この人の罪にできないのは、竜樹にもそういうところがあるからです。竜樹は、よく勉強はしていたのですが、頭がよすぎて、「ああ言えば、こう言う」というようなところがありました。達磨大師《だるまだいし》にもそういうところがあり、ちょっと問題なのです。

この辺について、述べてみたいと思います。

小乗《しょうじょう》仏教と大乗仏教は何が違うかというと、「小乗のほうには戒律《かいりつ》が遺《のこ》っている」ということです。

今、小乗仏教が遺っているのは南方です。タイなどの南方にある仏教は小乗仏教と言われています。

小乗(小さな乗り物)という言い方は〝差別用語〟であり、本当は、そういうものではありません。大乗仏教ができたときに、大乗の人たちが、「自分たちは大きな乗り物だ」と考え、以前からある仏教をばかにして、「小乗仏教」

と呼んだのです。

しかし、小乗仏教のほうの人たちは、自分たちの仏教を、小乗仏教とは言わず、「上座部《じょうざぶ》の仏教」と言い、「これが正統派の仏教だ」と信じています。そして、いまだに戒律を守っているのです。

したがって、向こうでは、今でも、お坊《ぼう》さんは妻帯《さいたい》しません。日本のお坊さんは、みな結婚《けっこん》するので、「そんなのは坊さんではない。それでは俗人《ぞくじん》ではないか。みんなが親鸞《しんらん》になってしまった」ということで、あちらの人から、ばかにされているわけです。

小乗仏教のほうでは、戒律を守っていますし、初期の教学を、けっこう、しっかりやっています。ただ、大衆救済の力は、それほどありません。

大乗のほうは、「いかに広げるか」という観点で、「教えの一部を取り出し、それをスプレッドする」ということをずいぶんやってきたのですが、まず戒律のあたりから取り払《はら》ったのです。

大乗仏教には二つの特徴《とくちょう》があります。

一つは「信の宗教」ということです。「信」とは、「信仰《しんこう》」「信仰が立つ」ということです。大乗仏教は、信じることによる宗教なのです。一方、小乗のほうは、それが弱いのです。

大乗のほうから見ると、小乗は、戒律を守って、「これをしてはいけない。あれをしてはいけない」と、細かいことばかり言っているわけです。例えば、「生き物を殺してはいけない」ということになっているので、「蟻《あり》を踏《ふ》んでいないか」ということまで気になります。また、「肉を食べてはいけない」ということにもなっています。

そのように、小乗は、「あれもいけない。これもいけない」と言うので、「そういう細かいことを言うものは、宗教ではなくて道徳だ」と、大乗のほうは言うのです。「そんなものは学生寮《りょう》の規則ではないか」ということです。「それは、『×時から×時までは、こうする』『音を立ててはいけない』『電気を消しなさい』『トイレの水を何回も流してはいけない』などというようなものであり、道徳のレベルにすぎない」というわけです。

「本当の宗教は、人を救済するものであり、そういう細々《こまごま》したことを言っていたら、救済など、できるわけがない」というのが大乗の立場です。「そういう道徳的な考えではなくて、こちらは信仰を立てるのだ。『信じる』ということを中心にするのだ」というのが大乗の一つのスタイルなのです。

もう一つは「空の教え」です。これが「信」と対置されています。

大乗仏教の特徴は、この「信」と「空」です（「慈悲《じひ》」を特徴とするという考え方もある）。この二つは、小乗には、あまりないのですが、大乗では、信仰というものと、「一切は空なり」という空の教えが出てくるのです。

② 空《くう》の教えは虚無《きょむ》主義になることがある

『般若心経《はんにゃしんぎょう》』には、「色即是空《しきそくぜくう》、空即是色《くうそくぜしき》」という言葉が出てきます。空の教えが大乗の特徴の一つなのです。

この空の教えについて、私は、すでに、いろいろな著書で説いてきたので、ここでは詳《くわ》しくは述べません（『釈迦の本心』『悟りの挑戦（下巻）』〔幸福の科学出版刊〕等参照）。

ただ、結局、空の教えで問題なのは、「空というものを、『現在ただいまにおいて、一切のものがない』というだけの、静止した状態で捉《とら》えると、単なるニヒリズム、虚無《きょむ》主義になってしまうことがある」ということです。

空の教えは、本当は、そういうものではないのです。

釈尊の説いた「諸行無常《しょぎょうむじょう》」、すなわち、「すべてのものは滅《ほろ》んでいくのだ。何一つ、常なるものはない」という考えは、「人生は数十年であり、この人生は、やがて終わる。あなたがたは、この世の住人でい続けることはできないのだ」ということです。

それは、現代的に言えば、次のような教えです。

「あなたがたは、この世のいろいろなものに執着《しゅうちゃく》しているだろう。それは、家だとか、学校だとか、財産だとか、奥《おく》さんだとか、子供だとか、その他、いろいろとあるだろう。定期預金だとか、株だとか、そういうものもあるかもしれないし、小判《こばん》だってあるかもしれない。しかし、そういうもので、あの世に持って還《かえ》れるものは、何もないのだ。

そういうものは、この世では、確かにありがたいものかもしれないけれども、人間は、やがて死ぬのだ。死なない人間なんかいない。

この世のものは、すべて壊《こわ》れていく。鉄筋コンクリートだって、六十年もしたら壊れていく。

この世のものに執着しても、何もよいことはない。すべては、消えていくく幻《まぼろし》なのだ。あの世に還り、実在世界に行ったら、本当の生活が始まるのだ。だから、この世のものに執着しないのが、いちばんよい。あの世に還るには、それが、いちばんの特等席なのだ」

大乗仏教では、「諸行無常」「諸法無我《しょほうむが》」の教えを「空」と言い換《か》えるわけですが、「空」という言葉を使うことによって、一見《いっけん》、「現在ただいま、全部が幻で、ぱっと消える」というような言い方に聞こえます。

「諸行無常」「諸法無我」の教えは、「この世の何十年かの人生は仮の姿である。この世での修行《しゅぎょう》はあるけれども、やがて、あの世に還ったら、そこでは、この世のものは何も役に立たない。三途《さんず》の川を渡《わた》るときには、全部、捨てていかなければいけない」というような教えです。

しかし、空の思想は時間を縮めてしまうわけです。「『何十年かしたら、そうなる。死んだら、そうなる』ということでは、まだるっこしい。現在ただいま、空にしてしまったほうが早い」ということです。

「一切は空である」という教えの怖いところは、「執着を断《た》つことにも使えるけれども、修行を断つことにも使える」というところです。「空だから、修行なんかしても虚《むな》しい。そんなことをしても無駄《むだ》である」という考えも出てくるのです。

六祖慧能の教えにも、素晴《すば》らしいところはあるのですが、この人の思想でいくと、煩悩《ぼんのう》もまた空なのです。理論的には、そうなります。なぜなら、すべて、本来の姿ではなく幻だからです。

そうすると、結局、戒律は、全部、要らないことになります。

例えば、「御飯《ごはん》を食べるのは一日に二回だけです」とか、「鉢《はち》に一杯《いっぱい》だけ食べなさい」とか、いろいろ言われたとしても、全部、空なのです。また、「男女のあいだでの、いかがわしいセックスはいけない」と言われても、「みんな空であり、幻なのだから、映写機で映した映像がセックスをしているだけなのであって、そんなものは何の罪にもならない」ということになるのです。

全部が空なら、そのようになって、この世の修行や過程が要らなくなってきます。「何もしなくてもよいけれども、何をしてもかまわない」というようなことになってしまうのです。

空の教えは、気をつけないと、そのようになることがあります。これが、ちょっと怖いところであり、「凡人は、まねをするべからず」ということです。きちんとしていて精神的に生きている人なら、戒律がなくとも別にかまわないでしょうが、凡人がまねをすると、けっこう危ないのです。

③プロセスを無視すると修行《しゅぎょう》は成り立たない

修行《しゅぎょう》の途中のプロセス、手順を無視すると、結論は、同じように見えて違ってきます。

これについて、たとえ話をしてみましょう。

みなさんが会社に勤めているとすると、給料日になったら給料をもらえます。毎月、二十日《はつか》なら二十日に、例えば三十万円の給料が銀行に払い込《こ》まれるとします。

そうすると、みなさんは、当然、「その三十万円の給料は自分のものだ」と思っているはずです。二十日になったら、銀行振《ふ》り込みで、会社のお金から三十万円を払い込んでもらえます。そのお金を自分が下ろして使う分には何の問題もありません。

ところが、「三十万円は自分のお金であり、自分に権利がある」ということで、二十日ではなくて十九日に銀行へ行き、カウンターでお金を数えている女子行員からバシッと三十万円を奪《うば》い取り、「おれの金だから」と言って、それを持って逃《に》げたら、犯罪になります。

どちらの場合も、「三十万円は自分のお金だ」という点は同じですが、後者の場合は、「二十日だろうが、十九日だろうが、おれの金ではないか。おれが働いて得た金を、会社が銀行に預けているだけだ。それを持っていって、何が悪いのだ。時間も手続きも関係がない。どうせ、自分の給料として入る三十万円なのだから、一日早く、銀行に入り、持って帰っても、かまわないではないか」ということです。

しかし、銀行の人に、「あなた、そのお金は駄目《だめ》です。給料日でないと、お金が振り込まれていませんから」と言われても、「そんなことは関係がない。この世のものは一切が虚しいものなのだ。だから、よこせ。三十万円は三十万円なのだから、いつもらっても同じではないか」と言って、お金を持って帰ったら、強盗《ごうとう》になるわけです。

不思議です。自分に三十万円の権利はあるのです。ただ、適切な時間に、適切な行為《こうい》、適切な手続きによって得られたものなら、そのお金は自分のものですが、そういうことを、一切、無視したならば、強盗も普通《ふつう》のサラリーマンも同じになってしまうわけです。

こういうことがあるのです。

この世には、中途半端《はんぱ》ではあるけれども、一定の存在価値はあります。完全なものではありませんが、この世というものがあり、そこでのルールがあって、人々は修行しているのです。

これを否定して、「一切は空だから、もう何もしなくてよい」「全部が虚しい」などと言ったならば、この教えは、「泥棒《どろぼう》も犯罪ではない」という考えになってしまいます。

また、人はどうせ死ぬのですから、殺人だって罪にならなくなります。「どうせ、あと二十年もしたら死ぬ人を、きれいさっぱり、早く殺してやったのに、何の罪があるか。火葬場《かそうば》で焼かれたら同じではないか」という考えになるのです。

釈尊の同時代に説かれた思想にも、そういうものがありました。「人を殺しても罪にならない」という思想を説く人が、六師外道《ろくしげどう》のなかにいたのです。

今の科学の世界で言えば、体を分解していくと、分子や原子になり、さらに、微細《びさい》なクォークなど、小さな素粒子《そりゅうし》になります。そうすると、確かに、「日本刀で体を切っても、日本刀が分子などのあいだを通っただけであり、もともと、分子も原子もばらばらにあるものなので、それを切り離《はな》しても、別に罪ではない」というように見えなくもありません。

空の思想というものは、気をつけないと、どちらにでもなるのです。執着を持たない方向になるのはよいのですが、プロセスのところを無視すると、違った方向になるのです。

諸行無常は、さまざまなものが滅びていく姿のことであり、どう見ても、そのなかに時間の流れが入っています。そして、諸法無我は、「現にあるように見えても、やがて、なくなっていく。ばらばらになって消えていくのだ」ということであり、これには時間的・空間的観念が入っています。

それを、現在ただいまの時点で、禅の一喝《いっかつ》のようにバーンと粉砕《ふんさい》してしまうと、確かに悟りのように見えるのですが、実際には解決になっていないことも多いのです。

ある宗教評論家の著書の「あとがき」か何かに、彼が講演のなかで空の思想を説明したときのことが書いてありました。

それによると、尾籠《びろう》な話ですが、彼は、「空というのは、そういうものなのですから、『味噌《みそ》と糞《くそ》とは違う』と思うのは間違いであり、味噌も糞も一緒《いっしょ》なのです」ということを話したらしいのです。

確かに、味噌は、元は大地から生まれたものです。大地から穫《と》れた大豆《だいず》をもとにしてつくられたものです。一方、大便も、元は、お米やパン、肉などの食べ物ですが、それらは、大地から出た恵《めぐ》みである植物や動物がもとになっています。そういう食べ物が口から入り、排泄《はいせつ》されたものです。

このように、味噌も糞も、原材料は同じく大地から出たものですし、両方とも、最後は分解して、また大地に戻ります。「元が一緒で、最後も一緒だから、一緒のものなのだ」ということです。

ところが、講演が終わったとき、一人のおばあさんが手を挙げて、「あんたは『味噌も糞も一緒だ』と言ったけれども、あんたは味噌汁《みそしる》のなかに糞を入れるかい。あんたは間違っている。信じられん」と言ったというのです。

それに対して、彼は、「それは、おばあさん、空の思想がまだ分かっていない。空が本当に分かったら、そういうことを言わないようになる。『一緒だ』

というのが、本当なのだ」と言ったということが書いてありました。

彼は強がってそう言っていますが、やはり、そのおばあさんの考えのほうが正しいのです。それが分からないようでは、この世に生まれてきて修行する意味はないのです。

原材料は一緒で、最後も一緒です。それはそのとおりです。しかし、そのプロセスというものを無視しては、この世の修行は成り立ちません。一定の、時間的・空間的に存在するものがあり、人々は、そのなかで修行し、いろいろな悟りを得て、教訓を得ているわけです。

例えば、「いくら数学の勉強をしても、二十年もたてば、勉強した内容をすべて忘れている」というのは、かなりのところまで事実でしょう。

数学を使って仕事をしている人はともかく、そうではない、事務系の仕事をしている人は、四十歳《さい》を過ぎると、「足し算・引き算・掛《か》け算・割り算」の四《し》則演算《そくえんざん》はできても、それ以外は極《きわ》めて危ないのが、本当のところでしょう。その四則演算も、計算機を使ってやっているので、もしかしたら危ないかもしれません。

はっきり言えば、小学校の算数が限界です。小学校でも、五、六年生の算数はちょっと危ないですし、中学以降の方程式か何かの問題になると、だいたい解けなくなります。さらに、虚数だのベクトルだのと言い出したら、もう何のことやら分からず、微分や積分については、「聞いた覚えはある」というのが現実でしょう。

したがって、「一切は空」です。昔、勉強した内容を、全部、忘れてしまい、子供が勉強していても教えられなくなるのです。「それならば、初めから勉強

しないほうがよい。川原《かわら》で石ころだけ数えていたら、それでよいのだ」という
ことにもなってきます。
「一切は空」という思想は、便利なようではありますが、このように、場合
によっては修行の否定になるわけです。
私の言っていることは分かると思います。
「忘れたら同じだ」「死んだら同じだから」などと言っていて、「どうせ人間
は死ぬのだから、それだったら、食べ物を食べなくても済むのか」と訊《き》かれ、
「ああ、食べたって無駄だよ。何も食べるな」と言い、そのとおりにさせると、
人殺しになります。
この空の思想というものは、禅の一転語《いってんご》のように、その人の迷いをバーンと
吹《ふ》き飛ばすようなときにはよいのですが、全部、これ一本槍《いっぽんやり》で行《い》ったならば、

やはり問題がたくさん起きるのです。

5　神秀《じんしゅう》と慧能《えのう》

①　五祖弘忍《ごそこうにん》が行《おこな》った悟《さと》りの試験

私は『大悟《たいご》の法』のなかで、神秀《じんしゅう》と慧能《えのう》を比較《ひかく》しています。

神秀という人は秀才です。一方、慧能という人は、『大悟の法』に書いてあるとおり、中国の南方の出身で、五祖弘忍《ごそこうにん》のお寺にいたころは、出家《しゅっけ》もしていませんでした。

当時の中国では、「北のほうが進んでいて、南は後《おく》れている」と言われていて、南方の人は、猿《さる》や犬のたぐいのような言い方をされ、「南方の人には仏性《ぶっしょう》なし」と言われるぐらいでした。

慧能は、その南方からお寺に来たのですが、外見もかなり劣《おと》っていたようです。ちょっとした作男《さくおとこ》というか、体は小さいし、やせていました。また、言葉はなまっていて、まともな言葉で話せませんでした。

そういう人であったので、慧能は、お寺に来たものの、修行堂《しゅぎょうどう》に上がっての修行はさせてもらえず、「おまえは台所のほうに行っておれ」と言われ、米つき男として、米つきをやらされていました。髪《かみ》も剃《そ》り落としていないまま、八カ月、米つきをやらされたのです。

米をつくといっても、当時は、今とは違《ちが》って、石臼《いしうす》を踏《ふ》んで精米《せいまい》するのですが、慧能は体が軽すぎたため、腰《こし》に石をつけて重しにし、石臼を踏んでいました。そのため、腰も足も悪くなり、ガタガタという感じであったのです。

そのように、修行はしていなくて、台所の奥《おく》で米つきの作業をしていました。

さらに、彼は字の読み書きができませんでした。

一方、神秀という人は、教授師《きょうじゅし》（受戒《じゅかい》の作法を教える者）をしていて、教えるほうの筆頭だったのです。この人は、学問もちゃんとあった人です。

五祖の弘忍の門下《もんか》は、けっこう流行《はや》っていて、門弟《もんてい》は七百人とも千人とも言われていましたが、彼は、自分の死期が近くなったので、「衣鉢《えはつ》を譲《ゆず》らなければいけない」ということで、「いちおう、悟《さと》りの試験をしよう」と考えました。

当会も、ときどき、試験をしますけれども、弘忍は、「人間は、いつ死ぬか分からない。人生の生死《しょうじ》の大切さ、そのぎりぎりのところの心境というか、悟りというものを、言葉に書いて出してみなさい。それで悟りの試験をする。それが、だいたい、わしの考えどおりだったら、その者に、衣鉢、衣《ころも》と托鉢《たくはつ》のお椀《わん》を譲る。これは、達磨大師《だるまだいし》からずっと受け継《つ》いできているものであり、元はお釈迦《しゃか》様から続いてきたものだ」と言ったのです。

「釈尊《しゃくそん》から続いてきた」というのは事実ではないでしょう。そのころは、西暦《せいれき》六〇〇年代、七世紀なので、釈尊の時代の服が遺《のこ》っているわけはありません。達磨の服だって遺っているとは思えません。ただ、いちおう、そういう説もあるので、否定はしないことにします（達磨大師のものとする説も多い）。

弘忍は、そのように、「衣鉢を譲る」ということで、悟りの試験を行《おこな》ったのです。

②オーソドックスな内容の神秀《じんしゅう》の偈《げ》

神秀《じんしゅう》以外のお坊《ぼう》さんたちは、みんな、「教授師をやっているのは神秀さんだから、この人が跡継《あとつ》ぎだろう。この人が弘忍先生の代わりに受戒の作法を教えているのに、この人を差し置いて書けるわけがない。この人に、もう決まっていて、これは、かたちだけのセレモニーなのだろう」と考え、悟りを書いたものを出しませんでした。

三、四日たっても誰《だれ》も出さないので、神秀は、「私が上座《じょうざ》をやっているものだから、みんな、遠慮《えんりょ》して出さないのだろう。自分が書いて出さなければいけない」と思いました。上座とは、長老のことです。

ただ、神秀も、出すにあたっては、「変なものを出したら、ちょっと困るし、自分が書いて出すことによって、いかにも六祖《ろくそ》の座が欲《ほ》しくて書いたように思われるのも少し嫌《いや》だな」ということで、だいぶ逡巡《しゅんじゅん》するのです。

そこで、「紙に書いて張るのは、ちょっと嫌だな」と思い、お寺の時間で「三更《さんこう》」といって、夜中の十二時ごろ、人がいないのを見計《みはか》らい、ろうそくを持って、弘忍が住んでいる場所へ、すっと行きました。

弘忍が住んでいる場所の、廊下《ろうか》の欄干《らんかん》のようなところには、絵師に頼《たの》んで、その翌日《よくじつ》、「達磨大師から五祖までが、いろいろと修行をしている」という絵を描いてもらうことになっていました。神秀は、そこに筆でさらさらと偈《げ》（詩）を書いて、誰にも見つからずに、さっと帰ったのです。

六祖系というか、南宗《なんしゅう》系の人が書いている『六祖壇経《ろくそだんきょう》』には、「神秀は、誰が書いたか分からないように、墨《すみ》で書いて帰った。その偈を見た五祖の弘忍に、『よくできている。よく悟っている。これは誰が書いたのか』と言われた場合には、『私が書きました』と名乗り出ようと思っていた。しかし、『これは駄目《だめ》だ。全然、なっていない。全然、悟っていない』と言われたときには、教授師をしていた手前、格好が悪いので、知らん顔をして、こっそりお寺から抜《ぬ》け出し、山のなかに入ろうと思っていた」と書いてあります。

これは、南宗側、敵方《てきがた》のほうが書いているので、神秀に対して、かなり意地悪な書き方になっています。本人から聞いたわけでもなかろうと思うのですが、「神経質な神秀」ということで、そのように書いてあるのです。

そして、翌日、師匠《ししょう》である弘忍は、絵を描かせようと思っていたところに偈が書いてあるのを見て、「なかなかよい偈が書いてあるではないか」と言ったわけです。

これについては、『大悟の法』のなかに書いてあるので、細かいことは言いませんが、神秀の、この偈を、南宗側、頓悟禅《とんごぜん》のほうは非常にばかにして、あまり、平板《へいばん》というか、秀才のもので、悟っていないという言い方をしているのです。

ここが今回の法話《ほうわ》のテーマの一つなのです。

神秀が書いた悟りの言葉は次のようなものです。

身《み》は是《こ》れ菩提樹《ぼだいじゅ》
心《こころ》は明鏡《めいきょう》の台《だい》の如《ごと》し
時々《じじ》に勤《つと》めて払拭《ふっしき》し

塵埃《じんあい》を惹《ひ》かしむることなかれ

「身《み》は是《こ》れ菩提樹《ぼだいじゅ》」。これは、「この体は菩提樹なのだ」ということです。菩提樹というのは、「インドの釈尊が、その下で悟りを開いた」とされる木です。したがって、菩提樹とは何かというと、要するに悟りの木なのです。「この身は、この体は、悟りの木である。悟りを得るための大切な木なのだ」ということです。「悟りを得るための道具」と言ってもよいでしょう。

「心《こころ》は明鏡《めいきょう》の台《だい》の如《ごと》し」。これは、「心というのは、澄《す》みきった鏡《かがみ》の台、鏡台《きょうだい》なのだ」ということです。

「この身は、悟りのための大事な菩提樹、悟りの木なのだ。悟りを得るためのもとなのだ。それから、心というものは、明鏡の台、澄みきった鏡の台なのだ。そういう、自分の姿を映す鏡なのだ」ということです。

「時々《じじ》に勤《つと》めて払拭《ふっしき》し」。これは、「したがって、ときどきは、努力して、鏡をきちんと磨《みが》かなくてはいけない。体についた塵《ちり》や埃《ほこり》も落とさなければいけない」ということです。

「塵埃《じんあい》を惹《ひ》かしむることなかれ」。塵埃というのは塵と埃です。鏡にくっつくものだと思えばよいでしょう。「惹かしむることなかれ」というのは、「くっつけるな」ということです。

なお、ここを、「塵埃をして有らしむることなかれ」と書いてあるものもあります。「有る」というのは「存在する」ということであり、その場合は、「塵や埃があってはいけない」ということです。これは、どちらでもよいのです。

「体は大事な菩提樹だし、心は大事な鏡なのだ。だから、心境を磨かなければばいけない。体も心も、大切に手入れをして、塵や垢《あか》や埃がつかないようにしなければいけない」

神秀は、そういうオーソドックスな詩を書いたのです。

ほかのお坊さんたちは、この偈を見て、「神秀が書いたのだろう。さすがだ」と思いましたし、先生である五祖弘忍もそう思いました。

そして、弘忍は、「なかなかよいことが書いてある。このとおりにやれば、地獄《じごく》に転落するような人はいないだろうし、みんな、きっと悟りが開けるぞ」というようなことを言ったのです。

ただ、そうは言ったものの、弘忍は、ちょっと神秀を呼びました。神秀が、「先生、私の悟りはどうでしたか」と訊《き》いたところ、弘忍は、「門の入り口までは来ているけれども、なかまでは入っていない。だから、もう一回、考えて出せ」と言ったのです。

③　神秀《じんしゅう》の偈《げ》を批判した慧能《えのう》の偈

そういうことがあったときに、慧能《えのう》は米つき場で仕事をしていたのですが、何だか騒々《そうぞう》しいので、「どうしたのだ」と訊くと、寺の童《わらべ》、童子《どうじ》が、「先生がみんなに、『自分の悟りを書いて出しなさい』と言ったのだけれども、何日たっても、誰も書かなかった。しかし、きょう、一人、よい偈を書いたのだ」ということを言ったのです。

慧能が「どういうことが書いてあるのだ」と訊くと、「『身は是れ菩提樹。心は明鏡の台の如し。それを磨いて光を出せ。塵をつけるな』という詩だ」という答えです。それを聞いて、「これは悟っていないな」と慧能は思ったというのです。

それで、慧能は、その童子に、「ちょっと、わしに、それを見せてくれないか」と頼みました。相手は童子なのですが、慧能は台所仕事しかしていないので、その童子を先輩扱《せんぱいあつか》いして、「お上人《しょうにん》様、ちょっと、ついていってもらえないでしょうか」という感じで頼んだのです。

慧能は、その場所へ行ったのですが、字が読めないので、字の読めるお坊さんに、それを読んでもらって、内容を確認しました。

そして、彼は、「そうか。では、わしも一つ偈を書きたいから、代わりに書いてもらえないだろうか」と言ったのです。

彼は米つき男で、ほかのお坊さんたちと一緒《いっしょ》に坐禅《ざぜん》もしていなければ教学もしていない人でしたから、「おまえみたいな無学なやつが、書けるのか」と、ばかにされます。しかし、「まあ、そう言うな。下々《しもじも》のほうから智慧《ちえ》が出ることもあれば、上のほうが智慧を取りこぼすことだってあるのだから、分からないではないか。わしの言うとおりに書いてくれ」というようなことを言ったわけです。

このあと、慧能が言った偈については、異本《いほん》が三種類も四種類も五種類もあるので、どれを採るかという問題があるのですが、いちばん一般《いっぱん》的と思われるものを採ることにします。それは次のようなものです。

菩提《ぼだい》本樹《もとじゅ》無《な》し
明鏡《めいきょう》も亦台《まただい》に非《あら》ず

本来無一物《ほんらいむいちもつ》
何《いず》れの処《ところ》にか塵埃《じんあい》を惹《ひ》かん

「菩提本樹無《ぼだいもとじゅな》し」。菩提というのは悟りです。「悟りには、もともと、木なんかないぞ」ということです。「明鏡《めいきょう》も亦台《まただい》に非《あら》ず」。鏡にも台なんかない。「本《ほん》来無一物《らいむいちもつ》」。本来、何もない。「何《いず》れの処《ところ》にか塵埃《じんあい》を惹《ひ》かん」。これは、「どこに塵や埃をつけるのだ」ということです。「何処《いずこ》にか塵埃有らん」ともいいます。「悟りに木なんかない。明鏡の台もありはしない。どこに、そんな悟りの木があるのか。どこに鏡があるのか。何を言っているのだ。そういう、たとえ話で言うな」ということです。「そんなたとえ話を言っているから、おまえは五祖の先生から『入り口までしか来ていない』と言われるのだろう」というわけです。

彼は、「木もなければ、鏡もない。本来無一物」と言っているのです。「仏性常に清浄《しょうじょう》」と書いてあるものもありますが、本来無一物、「何もないぞ」ということです。

これは達磨の言った「廓然無聖《かくねんむしょう》」です。「がらんとして空《くう》であり、何もないではないか」ということです。

前述した空の思想であり、「この世のものは夢幻《ゆめまぼろし》で、本来、何もないのだ。何もないものに、どうして塵や垢や埃がつくのだ。塵や埃を拭《ぬぐ》うだの払《はら》うだのと言って、『努力しよう』などと言っているが、ばかなことを言うな。本来、体もなければ、何もないのだ。それなのに、どうして、ごみがつくのだ」ということです。

慧能は、これで神秀《じんしゅう》を論破したわけです。

この偈は、字の書ける人に書いてもらったものではありますが、自分の偈を書けなかった七百人の弟子《でし》たちは、これを見て、「何か、すごいのが出てきたぞ」ということで、大騒《おおさわ》ぎになりました。

五祖弘忍が出てきてみたら、人だかりがしていて、弟子たちが、「何だか、すごい偈が出ています」と言います。彼は、それを見て、「これは神秀のものよりは上だな」と思ったのですが、「それを言って、認めたら、あの男は殺されるかもしれない」と思い、その偈を草鞋《わらじ》で消して、「これも、まだ悟っていない」と言ったのです。

④ 衣鉢《えはつ》を継《つ》ぎ、六祖《ろくそ》となった慧能《えのう》

弘忍は、そのあと、夜中に慧能《えのう》を呼び出します。

弘忍は米つき場に行き、錫杖《しゃくじょう》でコンコンコンと三回ついたのです。要するに、「三更、すなわち夜中の十二時に来い」ということです。

その時刻に慧能が行くと、弘忍は慧能に『金剛経《こんごうきょう》』の教えを説き、それから、いろいろと教えについての要諦《ようてい》を教えました。そして、「おまえを六祖《ろくそ》にする。これが、釈尊（または達磨大師）から伝来した衣《ころも》であり、托鉢のお椀である。これを証拠《しょうこ》として渡《わた》す。ただし、七百人の先輩がたは、許すわけがない。だから、衣鉢《えはつ》を持って逃《に》げよ。おまえは南方の人だから、南に行け」と言ったのです。

米つき男で、頭も剃っていなければ、教学もしていなくて、お経《きょう》も読めず、字も書けない、そういう人を六祖にすると言っても、ほかの人たちは猛《もう》反対するでしょう。「これでは、お寺が潰《つぶ》れてしまう。字が読めもせず書けもしない者を跡継《あとつ》ぎにするというのだから、先生はおかしい。ぼけたに違いない」と言うに決まっています。

それで、弘忍は慧能に、「おまえは衣鉢を持って逃げよ」と言って、川まで送っていき、「弘忍みずからが櫓《ろ》を漕《こ》いで渡した」とも、「ほかの人に送らせた」とも言われていますが、慧能を逃がしたわけです。

その後、弘忍が三日ぐらい出てこないので、弟子が、「先生、どうしたのですか。具合でも悪いのですか」と訊きに行くと、弘忍は、「実は、わしは、もう法を伝え終えた。仕事はない」と言ったのです。

それを聞いて、弟子たちは、「あの慧能が衣鉢を持って逃げたらしい」「何だと」ということになりました。慧能の偈が優《すぐ》れているということは、みんなも分かっていたのですが、「慧能に衣鉢を譲るとは、いくら何でも、ひどいではないか」ということで、何百人かの弟子が慧能を追い掛《か》けました。

慧能は南へ逃げたのですが、追い掛けた弟子たちのなかに、元は三品将軍《さんぽんしょうぐん》という大将軍だった人がいて、この人に、大庾嶺《だいゆれい》という山で追いつかれてしまいました。

向こうは大将軍で、こちらは小男ですから、戦っても、ひねり潰されてしまいます。そのため、慧能は、石の上に衣鉢をドンと置き、「わしは、この衣鉢に執着《しゅうちゃく》するわけではないから、これを持って帰りたいなら、持って帰れ。これは信仰《しんこう》によるものだから」と言って、草むらのなかで坐禅を組んだのです。

大将軍だったお坊さんは、慧明《えみょう》という人で、怪力《かいりき》の持ち主なのですが、「その怪力男が衣鉢を持ち上げようとしても、あまりの重さに持ち上がらなかった」とされています。これは事実ではないでしょうが、物語なので、よいとしましょう。「それほど、法の伝承というものは重い。悟りを開いていない、普《ふ》通《つう》の人では、衣鉢は持てない。それだけの重みがある」ということです。

しかたがないので、慧明は、「私はこれを取りに来たのではないのだ。私は教えを受けに来たのだ」というようなことを言います。そこで、慧能が空の教えを説いたところ、慧明は「分かりました」と言ったのです。

慧明の「慧」という字は、慧能の「慧」と同じ字だったので、慧明は、「先生と同じ字を使っては失礼に当たる」と思い、道明《どうみょう》と名を変えて、元のお寺へと帰っていきました。

何百人もの人が慧能を追い掛けてきているので、道明は、お寺に引き返す途《と》中《ちゅう》で彼らに会います。彼は、「山をたくさん調べたけれども、慧能は見当たらなかった。きっと北のほうへ逃げたに違いないから、みんな、北へ行け」と言って、彼らを追い返しました。

そのようにして、慧能は南に行ったわけですが、先生の弘忍から、「おまえは南に行って、二十年ぐらい山のなかに隠《かく》れておれ」と言われていたので、山のなかで猟師《りょうし》と一緒に生活していました。十五、六年ぐらい隠れていたのです。

彼は、ときどき猟師に説法《せっぽう》をしていたらしいのですが、猟師のところで、御《ご》飯《はん》づくりのようなことを相変わらずやっていたようです。「猟師たちは肉を食べるけれども、慧能は野菜だけを炒《いた》めて食べていた」と言われています。

そして、十六年ぐらいたってから、「もうそろそろいいかな」と考え、山から出てきて正体を現すのです。

『大悟の法』にある、私の説では、「慧能は、二十四歳《さい》のとき、弘忍のところで悟りを得て、四十歳ぐらいで山から出てきた」ということになっています。

そこで、有名な「風幡《ふうばん》の公案《こうあん》」（『無門関《むもんかん》』第二十九則《そく》）の話になるのです。

あるお寺に、『涅槃経《ねはんぎょう》』の講義をしている住職がいたので、慧能は、「ちょっと勉強でもしようか」と思い、そこへ行きました。

昔は、お寺で講義をするときには幡《はた》を立てます。今で言えば、五月の鯉《こい》のぼりの吹《ふ》き流しのようなものだと思います。

その幡を見て、二人の僧侶《そうりょ》が議論していました。一人が、「あれは風が動いているのだ」と言うと、もう一人は、「いや、風が動いているのではない。あれは幡が動いているのだ」と言います。「風が動いているのか、幡が動いているのか」ということで、延々と議論していたのです。

慧能は、それを聞いていて、もう、じれったくてしかたがなくなり、「風が動いているのでもない。幡が動いているのでもない。仁者《じんしゃ》（にんしゃ）の心が動くなり」と言いました。要するに、「あなたがたの心が動いているのだ」と言ったのです。

そのときの慧能は、寺男である「行者《あんじゃ》」のごとく、黒い印半纏《しるしばんてん》を着て腰に縄《なわ》でも巻いたようなスタイルだったのでしょうが、その慧能が、「風が動いているのではない。幡が動いているのでもない。あなたがたの心が動いているのだ」と言うので、その二人の僧侶も、周りの人も、「何だろう。すごい人が出てきたな」と、びっくりしました。

そして、『涅槃経』の講義をする予定だった印宗法師《いんじゅうほっし》という人も、「これはすごい」と思い、「五祖弘忍の衣鉢を持って南方に隠れた人がいると聞いていますが、もしかして、あなたがそうなのではありませんか」と訊きます。慧能は、「実はそうなのだ」と答えます。それで、印宗法師は、慧能に対して、「あなたが壇上に上がって、私のほうは弟子にならなければいけない」と言ったのです。

これが「風幡《ふうばん》の説法」と言われるものです。

慧能は、十六年間ほど隠れていたので、すでに四十歳ぐらいになっていましたが、僧侶たちが、「私たちは出家の身であり、在家《ざいけ》の人が先生になっては困りますから、ここで出家してください」と言うので、髪を剃り落として、正式な僧侶になったのです。

これが六祖慧能です。

⑤ 慧能《えのう》は釈尊《しゃくそん》の教えまで吹《ふ》き飛ばした

南宗系を「頓悟禅《とんごぜん》」といいますが、慧能《えのう》以降、南宗系には、すごい人材がたくさん出ているので、慧能の仕事が大した仕事であることは事実です。

一方、神秀のほうは北宗《ほくしゅう》です。

神秀は、百歳まで生きたのですが、則天武后《そくてんぶこう》や、あと二人の皇帝《こうてい》の先生をしたりして、非常に偉《えら》かったのです。弟子のなかに皇帝も出たわけです。彼は一種の国師のような待遇《たいぐう》を受けたのでしょう。「大通禅師《だいつうぜんじ》」という諡号《しごう》、諡《おくりな》をもらっています。弘法大師《こうぼうだいし》や伝教大師《でんぎょうだいし》のような、ああいう諡というものをもらったのは、中国では神秀が初めてなのです。

そのように、彼は、そうとう偉い人で、尊敬されたのは間違いありません。彼のほうが北宗です。

しかし、「南宗のほうが、だんだん流行ってきて主力になり、北宗のほうは、しだいに衰《おとろ》えていった」というのが歴史の流れです。

今遺《のこ》っているのは、南宗禅、頓悟禅のほうばかりです。禅宗では、禅問答で、何やら分からないことをお互《たが》いに言い合っていますが、あれが、この流れです。

頓悟禅も悪くないのですが、気をつけないと、前述したように、空の思想で何もかもゼロにしてしまうことがあります。そうなると、戒律もなければ八正《はっしょう》道《どう》もない、全部「なし」の状態になってしまい、修行も要《い》らなくなるので、気をつけなくてはいけないのです。

慧能が、その偈で神秀の偈を批判し、木《こ》っ端《ぱ》みじんにしたように見えるのは、そのとおりです。慧能は、「菩提本樹無し《ぼだいもとじゅな》。菩提、悟りには木はない。また、心だって、明鏡の台、鏡なんかではない。本来無一物《もんらいむいちもつ》。何《いず》れの処《ところ》にか塵埃《じんあい》を惹《ひ》かん」と言って、神秀の偈を切って捨てたわけです。

これをまねしているのが、近年では「生長《せいちょう》の家《いえ》」の谷口雅春《たにぐちまさはる》です。彼も、こういう感じです。「本来、肉体なし。本来、物質なし」と言い切って、「本来、肉体がないから、病気はない」ということを言っていました。

確かに、そう思うことによって病気が治ることはあります。人間は霊的《れいてき》な存在なので、そのように強く思えば、光明思念《こうみょうしねん》で病気が治ることは、現実にはあります。

しかし、「本来、肉体がない」ということなので、生長の家の信者は、病院へ行くのに大変だったようですし、生長の家の職員は、病院には裏口から入っていたようです。

プロセスのところを無視すると、頓悟禅と同じような問題が出るのです。「本来、肉体なし」というような言い方は、言葉としては優れていますし、そういう思想の人と議論すると、負ける感じがするのですけれども、ここに問題があるわけです。

慧能は、神秀を批判しているようであって、実は、釈尊《しゃくそん》の教えの部分まで、全部、吹《ふ》き飛ばしてしまっています。全部を吹き飛ばしてしまえば、「本来、何もない」ということになってくるのです。

「本来無一物」というのは、無執着の教えとしてはよいのです。しかし、人間は、この世で生きているあいだは、やはり諸欲のなかを生きています。この世で生きていると、さまざまな欲望、煩悩《ぼんのう》が出てくるので、この煩悩を片づける修法《しゅうほう》を、釈尊は、たくさん教えたのです。そのために、坐禅もあるし、反省行《ぎょう》もあるのです。これを間違ってはいけません。

慧能の教えを要約すると、「本来無一物。一切《いっさい》のものは何もないのだ」という空の思想と、もう一つは、ちょっと不思議なのですが、清浄心《しょうじょうしん》の教えです。「自性清浄心《じしょうしょうじょうしん》」といって、「みんなが仏性を持っているのだ」という教えと、「本来無一物」の空の教え、だいたい、この二つが中心と見てよいのです。

結局、この人は何を求めていたのかというと、次のようなことです。

「人魂《ひとだま》」とよく言うように、人々は、魂《たましい》というものを、人体状のものとは思わないで、「握《にぎ》り拳《こぶし》大ぐらいのもの」と捉《とら》え、「それが肉体に入っている」というような見方をします。インドでも、「小さな、親指大のものが肉体に入っている」という思想が昔からありました。それが、ダイヤモンドの部分、仏性の部分です。

そして、慧能の教えは、要するに、「仏性は誰にでもある。しかし、それ以外のものは全部ないのと同じだ。仏性以外のものは、ばらばらにすれば、いろいろなものが張りついているだけであり、全部、空である。仏性という、このダイヤモンド一個だけが本物だ」という教えなのです。

これは、間違っているわけではなく、そのとおりです。

慧能は、「人間として生きていながら、そのなかの核《かく》の部分、ダイヤモンドのところを取り出して、悟りを得よ。これは、みんなが得られるのだ。これを頓悟禅で得なさい」ということを言いたかったのだろうと思います。その思想自体は、間違っているわけではないのです。

彼が言いたいのは、「これを悟るには勉強なんか要らない」ということです。

「これを悟るだけだから、教学、お経の勉強も要らない。坐禅も要らないのだ」というわけです。もっとも、彼自身は『金剛経《こんごうきょう》』と『涅槃経《ねはんぎょう》』の勉強はしていたようです。

「ダイヤモンドのごとき仏性を、みんなが持っているのだから、自分で、それを発見したらよいのだ。坐禅をする必要さえもない。それさえ取り出せばよいのだ。あとのものは空だから、全部、木っ端みじんにしてしまえばよいのだ」と、だいたい、こういう教えなのです。

ただ、この教えは、実は仏教ではありません。本当は、仏教より、もっと前のバラモン教の教えであり、それが仏教のなかへ入ったものなのです。釈尊は、そういう教えは中心的には説いていないのです。これは、むしろバラモン教の教えです。しかし、これは密教《みっきょう》にも入っているので、しかたがありません。

こういうことを、慧能は説《せつ》として言ったのです。「体なんて、焼いたら、全部、灰になるのだ。灰にならないのは、最後に抜けていく霊体《れいたい》だけ、核の部分、仏性だけなのだ。このダイヤモンドだけを得るのが本来の禅である。それが如《にょ》来禅《らいぜん》、頓悟禅《とんごぜん》なのだ。これを得よ」と言っているのです。

一方、神秀のほうは、釈尊が八正道《はっしょうどう》を説いたように、「やはり、心に曇《くも》りはあるものだ。だから、そういう執着を取っていけ」という教えを説いていました。これは、オーソドックスですが、まだるっこしいのです。そのため、インスタントなものが出てきたら、やがて流行らなくなっていったわけです。

ただ、インスタントなもののほうが進んでいるように見えて、そうではないことがあるのです。オーソドックスなものは、まだるっこしいように見えて、当たり前のことであることがあります。神秀の教えのほうが釈尊の教えには近いのです。それは、幼稚《ようち》なように見えるかもしれませんが、必要なことなのです。

⑥ 禅《ぜん》の悟《さと》りは普遍《ふへん》の原理ではない

みなさんは、禅《ぜん》の悟《さと》りはどのようなものかということが、よく分からないかもしれません。それは、月刊「幸福の科学」や「ザ・伝道」など、当会の布教《ふきょう》誌《し》に出ている、信者の体験談のようなものなのです。

それを読むと、例えば、「私は、大川隆法総裁の本を読み、この言葉で救われた。迷いが取れた。幸福になれた」ということが書いてあります。禅の悟りというものは、結局、それと同じなのです。

各人は、それぞれ悩《なや》みを持っていますが、何かをパッとつかんで、「分かった」と思うことがあります。そういう意味での頓悟禅、「にわかに悟る」というものでも、間違いではありません。

ただ、それは普遍《ふへん》の原理ではないのです。「その人にとっては、それで目が開《ひら》け、目から鱗《うろこ》が落ちた」ということです。

禅の悟りは、はっきり言えば、当会の布教誌に載《の》っている体験談のようなものであり、「悩みの正体が分かり、悩みが取れた」というのが禅の本筋なのです。

しかし、自分がそういう悟りを得たからといって、その悟りは、すべての人に普遍のもの、「それしかない」というものではありません。いろいろな人が、やはり、それぞれの悩みを持っていて、それを解決しなければいけないのです。

そういう、いろいろな人の悩みを解決するために、教え、教学がたくさんあります。そのために説法はあるのです。

もし、そういう禅の悟りのようなものだけでよいなら、私の説法は要りません。私が、いろいろな説法をしているのは、それぞれの人の悩み、迷いが違うからです。それぞれの人を、悩みを取って幸福にする、悟りの道に入らせるためには、いろいろな説法が必要です。だから、たくさんの説法をしているのです。それで、経典《きょうてん》があり、教学があるのです。また、各人が反省して修行したりしているのです。

これを、全部、取り払ってしまい、「本来、この世は空ではないか。対立するものなんか何もない。自も他もない。一切は空なのだ」と言えば、そのようでもあるけれども、「それで終わりになって、その後はなくなる」というところがあるのです。

そこが、大事なところ、気をつけないといけないところなのです。

この世にあまりにも引っ掛かっている人には、「空」でもよいのですが、やはりプロセスがあるのです。

⑦難行道《なんぎょうどう》を易行道《いぎょうどう》にした頓悟禅《とんごぜん》

慧能は、大事なことも教えてくれたのですが、釈尊の一代の仕事を木っ端みじんにしてしまったところもあります。

慧能の教えは、禅《ぜん》とはいえ、難行道《なんぎょうどう》を易行道《いぎょうどう》にしたようなところもあるのです。「インスタントで悟れる。すぐ悟れる」という「頓悟《とんご》」の方向に持っていったわけです。

神秀の教えのほうは「漸悟《ぜんご》」であり、「ゆっくり悟る」というものですが、実は、このなかには頓悟的なものも入っています。神秀は、それも知ってはいたのですが、「悟りにはプロセスがある」ということをよく知っていたのです。

禅は、そのように、「頓悟禅でパーンと悟る」というようなものが主流になってきましたし、「『南無阿弥陀仏《なむあみだぶつ》』を称《とな》えたら救われる」「『南無妙法蓮華経《なむみょうほうれんげきょう》』で救われる」という教えも出てきて、仏教は、ずいぶん大衆化はしてきました。しかし、釈迦時代の仕事そのものは、どこかへ行ってしまったような感じになっています。

これが、鎌倉《かまくら》仏教以降、あまり高僧《こうそう》が出なくなっている理由です。大衆化、普遍化はしたのですが、その後、広がり以外では発展がなくなってきたのです。

そのため、教義を編み直す必要が生じてきているということです。

それぞれの人に頓悟禅は可能です。布教誌に載っている体験のとおり、何かの言葉で悟りを開くことがあります。それはそのとおりで、その人にとっては、それが救いであり、悟りなのです。それは否定できません。各人の悟りとしては、そのとおりなのです。

ただ、それで全人類が救われるわけではありません。そのために、教えがあり、教学があって、それで伝道し、布教しているのです。

こういう全体の枠組《わくぐ》みがあるわけです。

そのプロセスを経《へ》なかった人は、えてして、それを否定しがちなのですが、それを知っていないと、間違いになることもあります。

こういうことが今回の法話のメインの部分です。ちょっと難しい領域にも入ったかと思います。

頓悟禅が、全部、間違っているというわけではないのですが、これを見ると、「弟子の認識力というものは、どんどん落ちていく」ということが、よく分かります。どんどん狭《せま》くなり、短くなり、インスタントになり、「三分間待てば、ラーメンが食べられる」というような感じに、だんだんなっていくのです。

「本格的な中国料理やフランス料理などをつくるのは面倒《めんどう》くさく、お師匠さんが教えてくれても、だんだん、できなくなるので、『お茶漬《ちゃづ》けにしよう』『ラーメンにしよう』などという感じになっていった」ということは明らかです。

そこまで行ってしまうのに、千五百年、二千年と、けっこう、かかってはいるわけですが、それが仏教の流れなのです。

そのため、ときどき、また体系を組み上げるのですが、弟子は頭が悪く、狭いので、また小さくなっていくのは、しかたがないのです。しかし、それで広がっていくところもあります。したがって、「ときどき上げては広がり、また上げては広がり」という、この繰《く》り返しで、生まれ変わらなければいけないということです。

第2部　悟《さと》りと救い

――『大悟《たいご》の法』講義②――

二〇〇二年九月四日　説法《せっぽう》

東京都・幸福の科学総合本部にて

1　上求菩提《じょうぐぼだい》・下化衆生《げけしゅじょう》

第一部に続き、私の著書『大悟《たいご》の法』（幸福の科学出版刊）の内容に関する講義をします。

『大悟の法』の「まえがき」には、「私は、仏教の根本命題である『上求菩《じょうぐぼ》提《だい》・下化衆生《げけしゅじょう》』の一念《いちねん》を、この書に託《たく》したのである」と書いてありますが、今回の講義の内容《ないよう》も、この「上求菩提・下化衆生」という言葉に要約されると思います。

仏教には、もともと、方向性の違《ちが》う二つのベクトルがあります。ベクトルとは、矢印の付いた線で力の方向などを示すもののことです。方向の異なる二つのベクトルが仏教のなかにはあるのです。

一つは、上に向かっていくもので、これは上求菩提です。「仏に向かって悟《さと》りを求めていく」ということです。もう一つは、下に向かっていくもので、これは下化衆生です。衆生済度《しゅじょうさいど》、大衆救済、「一般《いっぱん》の人たちを救う。難しい教えが分からない人も救っていく」ということです。

仏教には、この二つのベクトルがありますが、この二つは、ある意味において方向性が逆なので、矛盾《むじゅん》するといえば矛盾するのです。

上求菩提に向かっている仏教修行《しゅぎょう》者は、どちらかというと、「山林のなかに独りで籠《こも》って修行し、反省や瞑想《めいそう》、教学をしたい。人に邪魔《じゃま》されるのがあまり好きではない」という面を本質的に持っています。

ところが、仏法には、もともと、「多くの人々を救う」という意図があるので、独りで修行し、勉強して、満足しているだけでは許されないところがあります。そこで、大勢の人々のなかに入っていきます。

大衆のなかに入っていく宗教というものは人気があるのですが、大衆のなかに入っていきすぎると、今度は、勉強の部分、あるいは自分の心境の向上の部分が弱くなってしまいます。大衆のなかに入って和光同塵《わこうどうじん》をしているうちに、自分も大衆と同じようになり、差がなくなってしまったりして、悟りのレベルを下げることもあるのです。

上求菩提と下化衆生は両方ともよいものなのですが、突《つ》き詰《つ》めていくと、矛盾するものが出てくるので、この矛盾するものを統合するという難しい問題が古くからあります。

そして、仏教の修行者たちも、やはり、この二つの方向性のどちらかに偏《かたよ》る気《け》があり、上求菩提のほうが好きな人と、下化衆生のほうが好きな人とがいるのです。

現代の政治家には、インテリ好みの難しいことを言うような政治家、要するに、理論でもって人を導こうとするような政治家もいれば、一生懸命《いっしょうけんめい》に歩いて、人と握手《あくしゅ》をし、「おじいちゃん、おばあちゃん」と声をかけて回るような政治家もいます。方向性としては、そのような感じでしょう。

すなわち、「難しいことは言わず、勉強は耳学問だけで済《す》ませ、人と握手をして、とにかく街の声を聴《き》く」というタイプの政治家もいれば、「一国の政治というものには、やはり、外交の理論もあれば経済の理論もある。大枠《おおわく》で物事を考えるためには、きちんとした勉強も必要であり、考えを詰めていかなくてはならない」と思うような政治家もいるのです。

この両方のタイプが政治家には出てきます。

これは宗教の場合も同じなのです。理論的な高みを目指していて、それがあとで役に立つ人もいれば、本人だけか、その周辺で終わってしまう人もいます。あるいは、大衆のなかに入って大きな運動を起こす人もいれば、それが一時的なブームで終わってしまう人もいます。こういうことが過去の仏教の流れであったように思います。

この「上求菩提・下化衆生」が『大悟の法』の一つのテーマになっているのです。

『大悟の法』は五つの章で構成されていますが、第1章「敵は自分の内にあり」、第3章「仕事能力と悟り」、第4章「大悟の瞬間《しゅんかん》」、第5章「常に仏陀《ぶっだ》と共《とも》に歩め」は、どちらかというと、仏教的なテーマを中心にそろえてあり、第

2章「罪を許す力」だけが、ややキリスト教的な意味合いを持った章になっていて、少し肌合《はだあ》いが違います。

第2章に「罪を許す力」を持ってきたのは、第1章との兼《か》ね合いを考えてのことです。第1章で、「悪人でも救われるか」というテーマを取り上げたので、組み合わせとして「罪を許す力」がよいと思い、こういう組み方をしたのです。

2 アングリマーラの説話と悪人正機説《あくにんしょうきせつ》

① 最後は自分自身に返ってくる

まず、第1章「敵は自分の内にあり」のなかで、特に掘《ほ》り起こして指摘《してき》しておきたいことを述べます。

第1章では、「敵は自分の内にあり」という章題にあるように、結局、「他の人や環境《かんきょう》のせいだとか、運命だとか、過去世《かこぜ》のカルマだとか、いろいろな理由はあるけれども、そういうことではなく、最後は自分自身に返ってくる」ということを述べているのです。

このテーマ自体が、実は仏教の大きなテーマなのです。それをわざわざ出したわけです。

②職業倫理《りんり》に反しては仕事は成り立たない

第1章には、アングリマーラという伝説的な千人殺し、千人を殺そうとした人についての話が書いてあります。「アングリマーラという人が、九百九十九人を殺し、最後に母親を殺そうと思っていたところ、そこで仏陀《ぶっだ》に折伏《しゃくぶく》された」という話です(注。百人説、すなわち、「九十九人を殺し、そのあと仏陀に折伏された」という説もある)。

恐《おそ》ろしい話です。「自分の先生が、『おれの言うことをきいたら、奥義《おうぎ》を教えてやる。おまえは免許皆伝《めんきょかいでん》になる』と言うので、先生から言われたとおりに人殺しをした」という話です。

こういうことは、現代でも、世の中を騒《さわ》がす邪教《じゃきょう》のなかにはあります。毎年《まいとし》とは言いませんが、数年に一回ぐらいは、何かおかしなことをして人々に害を与《あた》える宗教や、集団自殺をする宗教などが出てきます。

アングリマーラの話と同じようなことは、今でもあると考えてよいと思います。上の人が変なことを言うと、下の人たちがそのまま実行するのです。

宗教だから、そういうことがあるのかというと、そうではありません。会社でも、今、そういうことが幾《いく》らでもあり、新聞を賑《にぎ》わす事件が次々と起きています。

「会社ぐるみで不正なことをして、いろいろなものをごまかす。それを現場の担当者の責任にしようとするが、実際はトップも知っていて、上のほうから、ごまかして、隠《かく》している」というような事例が、あちこちで出てきています。そして、伝統ある大会社が揺《ゆ》れたり、倒産《とうさん》の危機になったりするということが、たくさん起きているのです。

アングリマーラの話のテーマは、宗教的テーマのようでもありますが、実は、宗教に限らず、人間に付きまとうテーマなのです。

アングリマーラの話は、「先生が『殺せ』と言ったから殺した」という話ですが、会社の場合、この先生の言葉に当たるのは、例えば社長命令です。社長命令を受けて、社長の懐刀《ふところがたな》が、「これは外国産の牛肉だが、国内産だと称《しょう》して処分し、政府から補助金を取れ」と言うことも可能です。

あるいは、夏のあいだに、いろいろな菌《きん》が牛乳などの乳製品に発生していても、それを消費者に知られたら商売ができなくなるので、何とかして隠蔽《いんぺい》しようということを、上の人も絡《から》んでやったりします。

そういうことをして、一時的にはうまくいっても、結局、露見《ろけん》して、会社が存亡の危機に立たされるようなことは、たくさんあります。

これは、「千人を殺せ」と言われたわけではありませんが、不正なことをして政府から補助金をもらおうとしたり、人に害を与えても知らん顔をしようとしたりしたということです。

あるいは、電力会社の人であれば、原子力発電所の放射能が漏《も》れても、上の人から、「国民に知られたら、そのあと商売ができなくなるから、これは内緒《ないしょ》にしておこう。みんなで黙《だま》っていよう」と言われると、そうしたくなるのです。

そういうことは幾らでもあるわけです。

そのときに、その部門の長として、それを隠蔽する立場、あるいは国民をだます立場になった人は、「これは、上の人の命令でやったことだから、しかたがない」と考えるかもしれません。

しかし、やはり、そこの責任者は、「いったい自分は何の仕事をしているのか」ということを考えなくてはいけないのです。

食品を扱《あつか》っている人であれば、その仕事の目的は、結局は国民の健康生活の向上でしょう。人々に健康に生きていってもらうためにやっているわけでしょう。牛肉であろうが、乳製品であろうが、みな、そうでしょう。

「会社がどうのこうの」という言い訳はあっても、もともとの本意というか、拠《よ》って立つところの仕事の目的、「自分は何の職業をしているのか」ということから考えたならば、「そもそも、職業倫理《りんり》に反しては仕事は成り立たない」

ということであるはずです。そういうことを考えなければいけません。

いくら免許皆伝にしてくれるといっても、「人を千人殺して免許皆伝」というのでは、それは人殺しの免許皆伝です。剣《けん》で身を立てる時代であれば、そういうことはありうるかもしれないし、新撰組《しんせんぐみ》のようなところに雇《やと》われたら、隊長になれるかもしれません。しかし、宗教において、「人を千人殺して免許皆伝」というのでは、言っていることがおかしいのです。

現代でも、そういう社会問題を起こした会社のなかで、渦中《かちゅう》にあって責任を取らされる課長や部長、工場長などは、断腸の思いでしょう。そういう真理というか、「かくあるべし」という職業倫理から見れば、それは、辞表を書き、会社をやめなければならないようなことでしょうから、苦しいと思います。

ただ、未来永劫《えいごう》にわたって続く、魂《たましい》の旅路《たびじ》というものを考えたときに、やはり、「この世だけにとらわれているのではないか。この世の生きやすさということ、ものの考え方にとらわれて、悪の道に入ろうとしているのではないか」ということです。

永遠の魂の道、あるいは、「あの世には心しか持っていけない」ということを考えたときに、自分がやらねばならないことは見えてくるはずです。

それは、この世での地位や職業、金銭に執着《しゅうちゃく》して済むことではありません。「一時的には自分も家族も苦しいけれども、やはり、大勢の人に危険があるようなことを放置はできない。職業として、それを続けることはできない」ということを考えなければいけないのです。

そのようなことが、このアングリマーラの話のテーマとして出てきます。

彼は、悪人ではあろうけれども、弱い人でもあります。権威《けんい》に弱くて、自分自身の最終責任が負えないという面があるのです。

「人を九百九十九人、殺した」という話であると、「自分の場合とは違《ちが》う」と思うでしょうが、「殺す」ということではなく、「害を与える」ということであれば、これは仕事上、幾らでも起きることなのです。

また、そういうことを糾弾《きゅうだん》している新聞社も、ある言論で論陣《ろんじん》を張り、あとで、それが間違っていたことが分かっても、その間違いを認めません。間違った情報を流し、大勢の人々を汚染《おせん》してしまったにもかかわらず、そのことは内部で密かに言うだけです。それを公然と言うと、左遷《させん》されるか、クビになるので、言えないでいます。新聞社でも、同じようなことがあるのです。

このアングリマーラの話は、人間の弱さを取り扱った話と考えてよいと思います。

③アングリマーラに対する仏陀《ぶっだ》の一喝《いっかつ》

アングリマーラの話のなかに、「人を殺し、その指を集めて、首飾《くびかざ》りをつくる」ということが出てきます。

なんとも気味の悪い話ですが、こういうことは、未開の種族のあいだでは、けっこうあるようです。首狩《くびか》り族のなかには、指を集めて輪をつくったりする種族もあれば、どくろをぶら下げる種族もあります。

そういうことから言えば、「指を集めて首飾りをつくる」ということも、ないわけではないのでしょう。そういう未開の種族のなかには、かえって、「それによって、殺した相手の霊力《れいりょく》が自分につき、呪力《じゅりょく》がつく」というように教える種族もあるので、まったくありえない話ではないと思います。

アングリマーラが実際に小指のネックレスのようなものをつくっていたのは事実のようです。

それでは、アングリマーラは本当に救われるのかということですが、仏典によれば、「アングリマーラは阿羅漢《あらかん》の悟《さと》りを得た」ということになっています。これは非常に注目すべきことです。九百九十九人を殺した人は、この世的に見れば、普通《ふつう》の人よりは絶対に罪が重いはずなのですが、そういう人が阿羅漢になれるのです。

阿羅漢とは、小乗《しょうじょう》仏教的に言えば、いちおう、悟りのいちばん上のほうの境地です。仏とまでは言えませんが、仏に近いところまで行《い》っています。まだ大衆救済には入っていませんが、個人の修行《しゅぎょう》としては、いちおう完成期に入っていることを意味しています。

これは、「それほど多くの人を殺しても、本当に阿羅漢になれるのか」というテーマであり、仏陀《ぶっだ》の信用性にまでかかわる問題です。

大切な点は、「仏陀は、アングリマーラを帰依《きえ》させて、その後、どうしたか」というところです。まさしく、ここが対立点です。仏陀がなしたことと、のちに、日本の鎌倉《かまくら》時代に法然《ほうねん》や親鸞《しんらん》が「念仏《ねんぶつ》で救われる」と説いたことと、このあたりが論点になってきます。自力か他力かの問題として、ここが論点になってくるのです。

仏陀は、アングリマーラに対して、どうしたでしょうか。

まずは折伏しています。

アングリマーラが、千人目の指を求めて、母親を殺そうとまでしていたときに、仏陀は、彼のうわさを聞きつけ、村の人たちが「危ない」と言って反対したにもかかわらず、アングリマーラの前に現れたのです。

そのときの様子は、いろいろな書き方がされていて、一律ではありません。仏陀が向こうから歩いてきたようにも読めるし、アングリマーラが仏陀を後ろから追いかけたようにも読めるし、読み方はいろいろあります。ただ、共通していることは、「仏陀は歩いていた」ということです。

アングリマーラは仏陀を襲《おそ》おうとしたのですが、彼が早足で歩いても、どうしても仏陀との距離《きょり》は詰《つ》まりませんでした。

彼は、かなりの早足で歩くことができ、人を襲うときは、すぐに追いつけるはずなのに、仏陀に追いつかないのです。仏陀はゆっくり歩いているのに、自分が動くと仏陀もスーッと動くという感じで、忍法《にんぽう》か何かのようですが、仏陀は逃《に》げ水のように動いていくわけです。

アングリマーラは、だんだん息が切れてきて、仏陀に「止まれ」と言いました。ところが、仏陀は、「私は止まっている。動いているのは、おまえのほうだ」と言ったのです。これで、アングリマーラは、きょとんとしてしまいます。

アングリマーラが、いくら追いかけても追いつけなかったのですから、仏陀が動いているのは間違いないはずなのに、アングリマーラが「止まれ」と言うと、仏陀は、「私は止まっている。動いているのは、おまえのほうだ。おまえこそ止まれ」と言ったのです。

これは、ずばり禅《ぜん》問答です。この問答を見るかぎり、禅宗がまったくの異端《いたん》ではないことは明らかです。仏陀も、やはり、意表をつく一転語《いってんご》を発しています。

アングリマーラは、仏陀に追いつけないから、追いついて捕《つか》まえるために「止まれ」と言ったのに、「私は止まっている。動いているのは、おまえのほうだ。おまえこそ止まれ」と言われて、何のことやら分かりませんでした。彼は、まず、これで一発パシッとやられ、きょとんとしてしまったのです。

禅には、そういうところがあります。この世的に常識的なことを言われると分かるのですが、常識の正反対というか、パカッと頭を割られるようなことをいきなり言われると、仰天《ぎょうてん》してしまい、そこで、それまでの魂の慣性のようなものがピタッと止まってしまう、そのようなことになります。「えーっ」と驚《おどろ》き、「私は何かおかしかったのかな」などと思って、正気に戻《もど》るようなところがあるのです。

例えば、「会社がつぶれないためには、どうしたらよいか」ということで悶々《もんもん》とし、夜眠《ねむ》れない人が、禅寺に相談に行って、「会社がつぶれそうなのです。どうしたらよいでしょうか」と言ったところ、「つぶれたらよいではないか」と言われたら、やはりショックでしょう。

例えばの話なので、禅寺がそういう指導をしているかどうかは知りませんが、何かから逃《のが》れたいと思う気持ちが強いと、意外に盲点《もうてん》があり、その正反対のところを考えていないことはあるのです。

アングリマーラも、「動いているのはおまえのほうで、私は止まっている」と言われ、びっくりしたわけです。

ただ、その言葉だけではなく、そこに一種の強い霊力《れいりょく》が働いていたことは間違いありません。その一喝《いっかつ》でパシッと打っているのです。

アングリマーラは、仏陀の言った言葉の意味を、スパッと理解できたわけではないのですが、結局、煩悩《ぼんのう》の炎《ほのお》で燃え上がっていたところに、冷水をパシャッとかけられたような感じになったわけです。

「千人殺しを達成すれば免許皆伝になる」というのは、本人を破滅《はめつ》させようとする、悪い先生の策略であるにもかかわらず、アングリマーラは、最初は「本当だろうか」と思いつつも、刀を渡《わた》され、「殺せ」と言われると、そのような気になって、人殺しを始めました。やっているうちに、目は血走り、すごい形相になっていたことでしょう。

何かをやっているうちに、目的が分からなくなって、行為《こうい》だけに熱中する人は、世の中にたくさんいます。彼も、そのようになっていたのでしょう。最後は、母親をも殺そうとするような、どうしようもないところ、修行の本来の目的から正反対のところまで来ていたのです。

ところが、そこでアングリマーラは仏陀の一喝を受け、迷いがパカッと割れたのでしょう。あるいは、アングリマーラに憑《つ》いていた悪鬼《あっき》、悪魔《あくま》が、仏陀の一喝でもって、パラッと取れたのであろうと思われます。

そのとき、アングリマーラは、ふっと本心に戻り、「自分は、ここで、いったい何をしているのだろうか。言われてみれば、そのとおりだ」と思ったのでしょう。

彼は、母親の命まで取って千人斬《ぎ》りを達成しようとしていました。それは、考えてみれば、おかしなことなのですが、それがおかしいということに彼は気がつかなかったのです。没頭《ぼっとう》すると、そういうことが分からなくなる場合があるわけです。

これと同じようなことが某《ぼう》教団でもありました。その教団では、「サリンをつくり、それを東京の上空から大量にまいて、大勢の人を殺す」という計画を立てていたようです。

そんなことをして、何になるというのでしょう。それによって、大勢の人が解脱《げだつ》したことになるのでしょうか。確かに、死ねば魂は肉体から抜《ぬ》けるでしょうから、「早く殺してやることが解脱させることだ」という考えなら、そういうことになるかもしれませんが、それは正しい考えではないのです。

魔に囚《とら》われて、正しい考えが分からなくなり、内部の論理だけで、ずっとやっていると、見えるものも見えなくなります。本来、洗脳されなければ分かっていたようなことが、分からなくなるのです。恐ろしいことです。

前述したように、こういうことは、宗教だけではなく会社でも起きるので、よくよく知っていなければいけないことなのです。

④ 親鸞《しんらん》の悪人正機説《あくにんしょうきせつ》

アングリマーラに対する仏陀の一喝は、ある意味では禅宗の起源でもありますが、このアングリマーラの話は、浄土真宗《じょうどしんしゅう》（真宗ともいう）などを考えるときのテーマにもなります。

親鸞《しんらん》が折々に語った言葉を弟子《でし》の唯円《ゆいえん》が編集した『歎異抄《たんにしょう》』というものがあって、現在、わりに人気があります。

ただ、これは、恐ろしい本というか、解釈《かいしゃく》が難しい本なので、かつては、けっこう隠されていた本なのです。

親鸞の二百年ぐらいあとの室町時代に、本願寺の八代目の蓮如《れんにょ》という人が浄土真宗を非常に広げたのですが、この人も、『歎異抄』を読んで、「これは怖《こわ》い本だ。内部だけで、しっかり学べばよい。外に知られると危ない本だ」と、きちんと認識していました。

『歎異抄』のなかで親鸞が述べている悪人正機の教えには、一歩誤れば大変な害毒をまく危険性があります。『歎異抄』は、親鸞の拠って立つ地盤《じばん》を崩《くず》すおそれがあるというか、浄土真宗そのものが根本的に間違っていると言われる可能性のある、危険性も含《ふく》んだ本であり、そのことは、後代の人も認識はしているのです。

親鸞の悪人正機説《あくにんしょうきせつ》は、法然《ほうねん》の言葉を受けたものらしいのですが、普通の人は、「悪人が救われるぐらいなら、善人は、当然、救われるだろう」という論理の立て方をするのに、親鸞は、「善人でさえ救われるなら、悪人はもっと救われる。弥陀《みだ》の本願として、悪人こそ救われるのだ」ということを説いています。それを言う根拠として、親鸞には、「自分自身が悪人だ」という自覚があったのです。

親鸞の言う悪とは何かというと、まず、「戒律《かいりつ》を破っている。五戒を破っている」ということです。また、「『貪《とん》・瞋《じん》・癡《ち》・慢《まん》・疑《ぎ》・悪見《あくけん》』という六大煩悩《ろくだいぼんのう》に翻弄《ほんろう》されている」ということもあります。「戒律を破っている」「六大煩悩に翻弄されている」、こんなところでしょうか。この辺が、親鸞の言う悪の中心と考えてよいと思うのです。

戒律を公然と破るということは、長らく、悪だと思われていました。そのため、親鸞は、戒律を破ったときに、すごい罪悪感があったのだと思われます。

しかも、実際に戒律を破り、肉食《にくじき》も妻帯《さいたい》も始め、俗人《ぞくじん》と同じ生活をしはじめたら、家庭生活ではけっこう悲惨《ひさん》なことも多いし、次々と難問が降りかかるし、流罪《るざい》にはされるし、延々と苦しみが出てきたのです。

そのため、親鸞は、「自分は間違ったのかな。仏教の本道に反したのかな」という気持ちに何度もなります。

しかし、法然の下《もと》で、『南無阿弥陀仏《なむあみだぶつ》』の教えだけで救われる」という信心を決定《けいじょう》したこと自体が、親鸞にとっては、「悟りを得た。解脱して涅槃《ねはん》に入った」ということと同じだったのです。親鸞自身としては、そのような考えを持っていたわけです。

親鸞は、その後も、いろいろと、煩悩の海のなかで浮《う》き沈《しず》みして苦しむという体験をし、九十年の人生において、延々と、いろいろなことを考え、哲学者《てつがく》になっていきました。現実には、そういうことがあったのです。

⑤ 段階を追った修行《しゅぎょう》が必要である

浄土真宗系の人の考え方からすれば、仏陀は、アングリマーラと出会ったときに、「おまえのような悪人でも、『南無阿弥陀仏』と称えれば救われる」と説教するはずだということになります。

ただ、これは歴史的に正しくないと見てよいでしょう。なぜかというと、仏陀が、最初の五戒から始まって、戒律をたくさんつくっていたことは事実だからです。これは歴史的に否定できないことです。

仏陀は、男性の出家者に対して二百五十戒もつくっていますし、女性の出家者に対しては三百四十八戒もつくっています。もう少し戒律が少なかった時期もありますが、だんだん増えていって、何百もの戒律ができたことは事実なのです。

戒律があるということは、「やってよいことと悪いことを分けた」ということです。その意味での善悪があるということを、修行《しゅぎょう》の論理のなかに入れたわけです。

もし、生前のゴータマ・シッダールタ、釈迦牟尼仏《しゃかむにぶつ》が、「『南無阿弥陀仏』と称えれば、一発で救われる」という教えを説いていたならば、戒律は要《い》らないというか、役に立ちません。その思想そのものが、そもそも成り立たないのです。そうではないでしょうか。

「『南無阿弥陀仏』と称えれば解決する」と説いたのであれば、その時点で、戒律を廃止《はいし》すべきでしょう。そうしなくてはいけません。人を殺しても、「南無阿弥陀仏」と言えば、それで済むのなら、殺生《せっしょう》の戒律でも何でも破ることができてしまうからです。

そういう意味では、釈尊《しゃくそん》の生きていたときのほうが、合理的な思想に基《もと》づいて教団が運営されていたと見てよいでしょう。

出家者というものは、向上心を持ち、学生のように勉強し、修行して、これから先生になっていこうとする人たちです。今は大学生である人が、やがて大学院生になり、講師になり、助教授になり、教授になっていくように、「勉強して、だんだん指導者になっていける」という考えでもって、釈尊が出家者に一定の修行課題を与えていたのは間違いないのです。

禅宗の慧能《えのう》が説くような、「一発で悟れる」ということは、ちょっと考えられないし、「戒律をいくら犯《おか》しても、『南無阿弥陀仏』と称えれば、一発で救われる」という考えも、釈尊の考えから見て、合っているとは、とうてい思えません。それが合っているのであれば、戒律は必要ないのです。したがって、これは布教用に簡単にしすぎたものであるように思います。

やはり、段階を追った、きちんとした修行が必要なのです。

それから、善悪の問題は、「その日、解決すれば、それで済む」というものではありません。きょうはきょうで解決がついても、あすは、また違う問題が出てきて、新しい煩悩、新しい苦しみや迷いが出てくるのです。

道元《どうげん》も、「出家するときには、みな、菩提心《ぼだいしん》、悟りを求める気持ちが出て、発心《ほっしん》する。発心したあと、一直線に悟りに向かって何十年も修行をするのかというと、そうではない。それは間違いである。発心して、悟りを得る。しかし、また問題が出てくる。そこで、また発心し、また悟りを得る。発心する、悟りを得る、このくり返しだ」と述べています。

悟りには一つひとつの悟りがあるのは分かっていることなのです。それを、一個一個、越えていかなければならないのです。

発心というものは、「最初に発心したら、それで終わり」というものではありません。そのつどそのつど、発心しなくてはならないのです。「一山、越えた」と思っても、また、もう一山、出てきます。もう一山、越えるには、また、「この山に登ろう」という発心をしなければならないわけです。

あまり簡単に許してしまう思想は、「一回の発心で、小山を一つ越えたら、それで終わり」という考えです。しかし、山の頂まで行くには、小さな山をたくさん越えなければいけないのです。

ただ、「とても頂上までは行けない」と思う人に、方便として、「あそこの小山に一本松があるから、あそこまで行こう。あの小山まで上がろう。みんなで行けば、あそこまで上がれるから」と言い、そこまで導いていく教えは、当然あります。例えば、「誰《だれ》でも、すぐ悟れる」「誰でも、『南無阿弥陀仏』と言えば救われる」などと説くものは方便の教えです。「そこまでならば、行けるでしょう。やらないより、ましでしょう」と言って、引っ張っていくわけです。

本当は、頂《いただき》までは、そこから先にまだ道があるのです。ところが、そこのところを切ってしまい、「最初の小山にある一本松の所までで、もう終わりなのだよ」と言って緩《ゆる》めると、それは、救いのようでありながら、「本当に救われているのか。それが救いであるのか。それが悟りであるのか」という微妙《びみょう》な問題が残るのです。

最澄《さいちょう》以降の比叡山《ひえいざん》の天台本覚思想《てんだいほんがく》で、「人間はみな、もともと仏なのだから、悟った存在なのだ。みな、仏になれるのだ」という教えが出てきて、この影響《えいきょう》は、比叡山から出た各宗派のなかに深く入り込《こ》んでいます。これが長く続いたために、成仏《じょうぶつ》の思想が非常に低いレベルのものになってきたのです。

私はめったに刑事《けいじ》ドラマを見ませんが、刑事ドラマのなかで、「あの仏さんは」とか言っているのは、たいてい、水死体などになった人のことです。「この仏さんには格闘《かくとう》した跡《あと》がある」「仏さんは四十歳《さい》ぐらいの中年で」「仏さんは若い男性で」とか、「仏さんは死んで何年」とか言っています。

このように、死んだ人のことを「仏さん」と言っていますが、これは天台本覚思想と関係があります。悟りのレベルを下げたならば、「死ぬと、みな仏になる」という考え方になるのです。「死ぬと仏になる」という考え方では、本当は困るのですが、日本語として、そうなっています。そのレベルの考え方が蔓延《まんえん》しているのです。

「あそこに百メートルの高さの山がある。そこにある一本松まで行けば、悟れる」という思想は、もっと激しくなって、「そこまで行かなくてもよい。『そこまで行こう』と思っただけで、行ったことと同じなのだ」という思想まで必ず行きます。百メートルも上がるのは難儀《なんぎ》なので、「『行こう』と言って、〝はんこ〟を押《お》しただけで、行ったことと同じなのだ」という思想が出てくるのです。親鸞の思想がそうです。

念仏も、法然のときには、まだ観仏《かんぶつ》の意味もありました。「精神統一をして、阿弥陀仏や勢至《せいし》菩薩、観音《かんのん》菩薩などを心のなかに描き、その霊姿《れいし》を観る」ということと一緒に、「南無阿弥陀仏」と称えていました。それは、「死ぬときに、阿弥陀仏が迎えに来て、救ってくれる」という思想だったのです。

ところが、親鸞の場合は、「死ぬときに、阿弥陀仏が迎えに来て、救ってくれる」ということでは遅《おそ》くて、「浄土真宗の、『南無阿弥陀仏』一本で救われるという思想にたどり着いて、心が決定したら、その段階で、人生のその時点で、『極楽往生《ごくらくおうじょう》、間違いなし』と決まっている。それで、悟りを開いたのと同じ、解脱したのと同じ、涅槃に入ったのと同じになるのだ」という思想です。

これは、「一本松の所に行くまでもない」という思想であり、「この身このままでよい」ということなので、非常にありがたいのですが、それでは、結局、何も変わっていないのと、ほとんど同じことなのです。

「その場で、『南無阿弥陀仏』という六字の名号を称えただけで、救われるのか。本当に、そんなものでよいのか。釈尊の四十五年間の教えは、本当に、そういうことだったのか」と突《つ》き詰めてみると、やはり、そんなことはありません。各種のお経《きょう》を見るかぎり、そんなはずはないのです。

釈尊の定《さだ》めた戒律が厳然として遺《のこ》ったのを見れば、「誰もが『南無阿弥陀仏』で救われる」という思想を釈尊が説いていないことは明らかです。それは一種の変形であると見てよいでしょう。

戒律を破ったことを〝自慢〟にして宗派をつくった親鸞が主唱した思想であるからこそ、ある意味では、極端なところまで行っているように見えるのです。

⑥ 修行《しゅぎょう》によって、来世に罪を残さない

真宗的に言えば、アングリマーラの場合も、「南無阿弥陀仏」で救われるはずです。

ところが、仏陀はアングリマーラを出家《しゅっけ》させ、修行《しゅぎょう》させせています。

もちろん、アングリマーラは、托鉢《たくはつ》に行くと、「あいつに身内を殺された」などと言われ、石をぶつけられます。体は痛いし、血は流れるし、彼は、何度も何度も、「もう無理だ」という気持ちになります。

しかし、仏陀はアングリマーラに、「忍《しの》べ。耐《た》えよ。あなたは、その迫害《はくがい》に耐えることによって、来世の苦しみが減じているのだ。本来なら、来世、地獄《じごく》に行って苦しまなくてはいけないのだが、今世《こんぜ》において苦しみを受けることによって、その苦しみが軽減されているのだ」と言いました。

また、彼が来世で地獄に堕《お》ちる理由は、やはり、殺された人たちや、その遺族の恨《うら》みにあるため、「その恨みを、来世《らいせ》ではなくて、今受けよ。あなたに石つぶてを投げることによって、彼らの苦しみも和《やわ》らいでいるのだ。あなたは耐えよ。修行の力で耐えていけ」と言ったのです。

仏陀は、それまで殺生をたくさんしてきた人にも、出家後は、ほかの人と一緒に、戒律を守らせ、聞法《もんぼう》をさせて、修行をさせたわけです。

アングリマーラは阿羅漢まで行ったということなので、ある程度の年数、修行をしたのだろうと思います。修行を始めてすぐに阿羅漢まで行くとは思えないので、阿羅漢の認定があったということは、何十年か修行したのでしょう。

最初、他の仏弟子たちは、アングリマーラの出家に反対していたはずです。アングリマーラが入ってきたのでは、教団の評判が落ちるし、お布施《ふせ》ももらえなくなるからです。また、彼のような凶賊《きょうぞく》には、国王だって、おちおちできないですから、そういう人物が教団に逃げ込んだのでは、国王の支援《しえん》ももらえなくなるということで、大変だったのです。

しかし、アングリマーラは、阿羅漢になったという認定がある以上、何十年か修行し、仏弟子の仲間たちからも、ある程度、認められ、在家の人々からも、「あの人は別人のようになった」と認められたのだと思います。大きなストゥーパもできているので、おそらく、そういうことだったのでしょう。これは歴史上の事実であり、仏陀の認定に間違いがあったとは思えないので、おそらく、そういうことがあったのでしょう。

それは、やはり希望の原理です。アングリマーラのような、罪を犯した人、本来なら、あの世に還《かえ》って地獄に堕ち、何百年なり、千年なり、業火《ごうか》に焼かれて苦しまなくてはいけない人でも、この世において、仏教の修行のスタイルに入り、心の修行に励《はげ》んで、煩悩の炎を吹《ふ》き消すことができたならば、来世にその罪を残さない、カルマを残さないということがありうるのです。これは非常に大きな希望の原理だと思います。

⑦ 仏法真理《ぶっぽうしんり》の救済の力

当会の信者や、これから信者になる人で、人生の比較《ひかく》的早い時期に当会にたどり着いた人は、おそらく罪は少ないでしょう。若くして当会にたどり着いた人は、大して悪いことはしていないと思います。

しかし、人生の遅い時期に当会にたどり着いた人は、それまでの人生において、いろいろなことがあったでしょう。六十歳、七十歳、八十歳でたどり着く人もいますし、なかには九十歳を過ぎてからたどり着く人だっています。そういう人には、過去、いろいろなことがあったと思います。

本人はあまり言わないでしょうが、「第二次世界大戦で、けっこう人を殺した」という人もいるでしょう。それを家族にも言っていないかもしれません。「出征《しゅっせい》して、かなり人を殺した」ということは、言いたくはないでしょう。

そのため、黙って、じっと十字架《じゅうじか》に耐えているという人は、いるのではないでしょうか。

中国大陸に行って、人を何人か殺したとか、略奪《りゃくだつ》をしたとか、火をつけたとか、女性に乱暴したとか、いろいろなことをした人が、おそらく、いるのではないでしょうか。あるいは、そういう人が親族にいるという人もいるのではないでしょうか。言いたくはないので、おそらく黙っているのでしょうが、苦しくて、しかたがないのではないでしょうか。

こういう人が、晩年、私が説いている仏法真理《ぶっぽうしんり》に出会ったとします。そのとき、その人を救う力がまったくないのであれば、仏法真理そのものに力がないのと同じです。これは、二千年、三千年に一回説かれる大法《たいほう》、大きな法です。これに救済の力がまったくなく、それがただの活字でしかないのであれば、意味がないのです。

したがって、そういう人であっても、仏法真理にたどり着いて三帰誓願《さんきせいがん》をし、反省行をして、ほかの会員と一緒に、五年、十年、きちんと、まじめに修行したならば、おそらく、来世の地獄の三百年分や五百年分ぐらいの〝借金〟は返せると思ってよいのです。

また、「当会にたどり着いて、すぐに死んでしまった」という場合でも、来世での修行の進み具合は速いだろうと思います。

当会で、五年、十年と、きちんと修行したならば、過去何十年かのあいだに犯した大きな罪も、少しずつ少しずつ消えていきます。持ち越しがあれば、それはあの世に残りますが、それでも、たどり着かなかったよりは、ずっと楽な所に行きます。

また、子孫たちにも、この真理の灯《ひ》がともされたならば、相乗効果で、ぐっと早く、救いの世界に入れることでしょう。あの世で本人が修行し、この世の人もそれを応援しているというスタイルであれば、予想より、ずっと早く天上《てんじょう》界《かい》に上がれると思います。おそらく、死んで何年かぐらいで、天上界に上がれることになるのではないかと思います。

以上が、アングリマーラをめぐっての、悪人正機説の問題です。

3　明恵《みょうえ》と親鸞《しんらん》

①　信解脱《しんげだつ》・慧解脱《えげだつ》・心解脱《しんげだつ》

古来、解脱《げだつ》とは悟《さと》りの別名でもあるのですが、解脱には幾《いく》つかの種類があります。

『大悟《たいご》の法』には、まず、「信解脱《しんげだつ》」、信仰《しんこう》による解脱、信ずることによる解脱というものが書いてあります。

信解脱に中心があるものとしては、浄土《じょうど》教系の浄土宗や浄土真宗がそうですし、キリスト教もそのように取れます。

キリスト教の教えは、「キリストを信ずることによって、天国に入ることができる。それを通さずしては、天国に入れない」というように聞こえます。

ただ、「キリストが教えを説く以前に生きていて、キリスト教に帰依《きえ》していなかった人たちは、みんな地獄《じごく》に行っている」と言うと怒《おこ》られるので、キリスト教では、「そういう人たちは煉獄《れんごく》に行っている。煉獄にいて、まだ救いを待っている。その後、修行《しゅぎょう》すれば、天国に入れる」ということになっています。

キリスト教では、地獄についての考え方が仏教とは少し違《ちが》います。キリスト教で考えている地獄は、ほとんど呪《のろ》いをかけられたかのように、未来永劫《えいごう》にわたって抜《ぬ》け出せない世界です。仏教のほうでは、ある程度、〝借金〟を払ったならば、地獄から天上界《てんじょうかい》に上がれることになっています。仏教のほうの地獄は、キリスト教で言えば煉獄に当たるのです。

キリスト教がヨーロッパに布教《ふきょう》されたとき、先祖伝来のゲルマンの宗教を信じている地元の人たちが、「うちの先祖はどうなるのだ」と尋《たず》ねたところ、「キリスト教に帰依していなかったのだから、救われない」という答えだったため、地元の人たちは大いに暴れたということです。

ゲルマンの宗教と言っても分からないかもしれませんが、日本神道《しんとう》のようなものだと思ってください。それを信じている人たちが、「三代前や五代前といった先祖は、どうなるのか」と訊《き》くと、「救われない」という答えだったので、「そんなばかなことがあるか。先祖が救われない宗教には帰依できない。『これはよい』と思ったけれども、それでは信じられない」と言って暴れたのです。

そこで、キリスト教では、「地獄からは抜け出せないことになっているが、地獄でも天国でもない煉獄という所があって、先祖は、そこで迷っているだけなのだ。そこには、天国に上がる道がある」という、煉獄の思想をつくったのです。

一方、仏教では、業《ごう》が尽《つ》きたならば、きちんと地獄から天上界に上がれることになっています。あまりにも業が深すぎて、悪魔《あくま》などになり、天上界に上がれず、地獄に長くいる人もいますが、普通《ふつう》は、悪人でも、業が尽きれば上がれることになっています。それぞれの罪の大きさにより、地獄にいる期間は異なりますが、上がれることにはなっているのです。

それから、「慧解脱《えげだつ》」、智慧《ちえ》による解脱というものが書いてあります。

智慧はいろいろありますが、ここで言う智慧とは、縁起《えんぎ》の理法、すなわち、因果応報《いんがおうほう》、「原因あれば結果あり」という因縁果報の考え方を持つことです。これによって解脱できるのです。

来世《らいせ》がどうなるかということは、今世《こんぜ》の生き方を見れば分かります。今世をどう生きるかによって、来世が決定されるのです。

今世において、自分の努力の範囲《はんい》を超《こ》えて、幸・不幸の波があるかもしれません。その場合には、過去世の業を持ち越《こ》していることが理由であることも、当然あるでしょう。

「そういう因果の理法のなかで自分は生きているのだ」ということを知ることによって、そういう智慧によって、この世での苦しみから逃《のが》れることができるのです。これが慧解脱です。

もう一つ、「心解脱《しんげだつ》」、心の解脱というものも書いてあります。

これは、五欲（財欲・色欲《しきよく》・食欲・名聞欲《みょうもん》・睡眠欲《すいみん》）などのいろいろな欲望から自由になることです。

みなさんは、欲望によって、感情のところが膨《ふく》らんだり、グワッとかき回されたりして、なかなか、すっきりした、精妙《せいみょう》な、澄《す》みきった心にならないことがあるでしょう。みなさんにも五欲があるでしょう。

名聞欲で名声に心が揺《ゆ》れ、夜も眠《ねむ》れないほど興奮したり、心が上がったり下がったりする人もいるでしょう。人がほめられるのを聞くと嫉妬《しっと》したり、自分が批判されるのを聞くと怒ったりする人もいるでしょう。

お金に執着《しゅうちゃく》し、お金のことで頭がいっぱいになる人もいるでしょう。

異性を見ると取り乱してしまう人や、一日中、異性のことばかり考えているような人もいるでしょう。

五欲で苦しんでいる人たちが、感情に振《ふ》り回されるのを抑《おさ》え、自分の心を穏《おだ》やかにし、澄みきった心にすること、煩悩《ぼんのう》の波動から逃れ、五欲の世界から逃れて、精妙な心の世界に入ることを、心の解脱、心解脱というのです。

心解脱は、わりに難しいのですが、仏教修行としては本道なのです。

肉体を持って生きている人間である以上、五欲そのものは、一生、尽きることはありません。それがなくなるということは、原則、ないのです。

大事なことは、いかにして、それを上手に統制し、心の平静を保つか、澄みきった心を手に入れるかということです。「感情によって振り回されない。感情が生き物のように動いて、自分が自分でないようになったりしない」ということです。理性的に覚めた、澄んだ心を持てるかどうかということです。

これが心解脱です。

『大悟の法』では、この三つの解脱について書かれています。

②　一種の霊能者《れいのうしゃ》だった明恵《みょうえ》

この三つの解脱のなかで、信仰による解脱、信解脱は、宗教としては広い門ではあるのですが、「これで最終まで行けるのかどうか」という点については問題があります。

この解脱に絡《から》んだ問題で、親鸞《しんらん》と対比してよいと思う人がいます。それは、親鸞と同じく鎌倉《かまくら》時代の僧《そう》で、明恵《みょうえ》という人です。明恵上人《しょうにん》とも言われます。明恵に関する話は『大悟の法』の第５章「常に仏陀《ぶっだ》と共に歩め」に出てきます。この明恵について述べながら、この人を親鸞と少し比較《ひかく》してみたいと思います。

明恵は華厳宗《けごんしゅう》の僧で、一一七三年に生まれ、一二三二年に没《ぼっ》しています。一一一七三年生まれというのは親鸞と同じです。親鸞とは同い年なのです。法然《ほうねん》と親鸞とは四十歳《さい》ぐらい年齢《ねんれい》差がありましたが、明恵と法然との年齢差も同じということになります。

『大悟の法』では、次のような話を紹介《しょうかい》し、明恵を一種の霊能者《れいのうしゃ》として説明しています。

あるとき、夜も更《ふ》けて、炉《ろ》ばたで眠っているような姿勢で明恵が坐《すわ》っていたので、弟子《でし》は「眠っているのかな」と思っていたのですが、明恵が、ふっと、「ああ、かわいそうに。もう喰《く》いついたかもしれぬ。今、大湯屋《おおゆや》の軒《のき》の巣のスズメが蛇《へび》にのまれそうになっているから、灯《ひ》をつけて急いで行き、追い払え」と言ったのです。大湯屋とは、お風呂《ふろ》のことです。

それで、弟子が行ってみると、そのとおり、まさしくスズメが蛇にのまれようとしているときだったということです。

明恵は、暗闇《くらやみ》のなかの、遠くにあるものが、視《み》えたというか、感じ取れたということでしょう。

また、明恵の伝記には、この話の近くに次のような話も出ています。

明恵が、修法《しゅうほう》の最中に、「手洗いの桶《おけ》に虫が落ちた。すぐ取り上げて、逃がしてやれ」と言うので、弟子が見に行ったところ、手洗いの桶のなかでハチが死にかかっていたため、助けてやったというのです。

これは驚《おどろ》きです。明恵は修法をしているときに、手洗いの桶に虫が落ちたことを感じ取れたのです。

ほかにも、坐禅《ざぜん》の途中《とちゅう》で、明恵が供の者を呼び、「後ろの竹藪《たけやぶ》のなかで、小鳥が何ものかに蹴《け》られている。行って、見てくるように」と言うので、供の者が急いで行ってみると、小さなタカがスズメを蹴っていたため、追い払ったという話があります。

このたぐいの話は明恵にはたくさんあるのです。

これは一種の超能力《ちょうのうりょく》でしょう。見えない場所で起きていることを感じ取れるわけです。こういう人は、ときどきいます。明恵は霊能力を持っていたということです。

現代の仏教学者は仏教を哲学《てつがく》か何かのように言いがちなのですが、経典《きょうてん》には、「釈尊《しゃくそん》は、菩提樹下《ぼだいじゅげ》で悟りを開いたあと、三明《さんみょう》を得た。神通力《じんつうりき》を得た。幾つかの超能力も持ったし、人の過去世《かこぜ》や未来を見通す力も持った」ということが書いてあります。仏教学者たちは、それを昔物語の伝説だと思って本気にしていませんが、釈尊は、そういう能力を実際に持っていたのです。

明恵の能力を見て、こういう人がいたということを知ったならば、仏教の大本の人もそうだったことが分かると思います。釈尊は、やはり、そういう能力を持っていたのです。

今の仏教学者は、そのようなことを、全部、否定してかかる傾向《けいこう》があります。そのため、釈尊の言っていることが分からないのです。こういう霊能力を持っている人には、すべての世界が、現代の知識人の言っていることとは違ったように見え、霊界《れいかい》のことも分かるわけです。

これを、超能力の話として挙げました。

③ 夢のなかの霊界《れいかい》体験

明恵は、珍《めずら》しいことに、『夢記《ゆめのき》』というものを遺《のこ》しています。十九歳のときから、六十歳で死ぬ一年ぐらい前まで、四十年近く、折々に見た夢を一生懸命《いっしょうけんめい》に記録し、その夢についての自分の解釈も書いているのです。

それは、修行者が見た夢の記録であり、非常に貴重な資料です。霊界《れいかい》探訪記のようなものであって、霊界で見てきたと思われることがたくさん書いてあるのです。

彼は、文殊菩薩《もんじゅぼさつ》が獅子《しし》に乗って現れてきた夢を見たりしています。

また、自分の修行とも関係があるのでしょうが、夢のなかに小さな池と大きな池が出てきて、「雨が降って水があふれ、小さな池と大きな池がつながろうとしている。そして、大きな池から小さな池のほうに、魚が移ってこようとしている」という夢を見ています。自分の心境、悟りが変化していく姿を、そういう夢で見たりしているのです。

明恵の夢のなかでは、塔《とう》に登る夢というものが有名です。

彼は、夢のなかで、お寺の五重塔《ごじゅうのとう》のように何重にもなった塔を登っていきました。そして、塔の上のほうにある尖《とが》った部分までたどり着くのですが、そこで目が覚めてしまい、いちばん上までは行けなかったのです。

「悔《くや》しいなあ」と思っていると、二十日後ぐらいに、その夢の続きを見て、また塔をずうっと登っていき、今度は、流星という、塔の先端《せんたん》にある飾《かざ》りの上へたどり着きました。いちばん上まで達した夢を見たわけです。

彼は華厳宗の僧ですが、『華厳経』は、「菩薩の悟りに五十二段階あり」という考えを持っています。彼は、その五十二段階を上がっていく夢を、このようなかたちで見たわけです。

明恵は、その夢のなかで、いちばん上の所までたどり着いたということになっています。菩薩の悟りの五十二段階を超えて、いちばん上まで行ったのならば、「仏の世界に入った」ということです。

そこで、明恵が如来《にょらい》になったのかどうかの確認のため、今回、私が明恵の霊に、「如来界に入ったか」と訊いたところ、本人は、「残念ながら、一歩、手前でした。如来界までは入っていませんが、菩薩界の上段階までは行っています」と言っていました。そのため、私は、「仏界《ぶっかい》まで行っていないではないか。それだったら、もっと下ではないか」と話したのです。

彼は、生前の夢のなかで、幽体離脱《ゆうたいりだつ》をして霊界を見てきているのですが、菩薩の階梯を上がっていくところを、そのように、夢のかたちで体験しているわけです。菩薩の階梯《かいてい》を塔の形で見ているのです。

さらに、彼は、「大きな四角い岩が幾つも並んで海に浮《う》かんでいて、自分と同じような僧侶《そうりょ》たちが岩の上にいる。そして、自分は岩から岩へと飛び移っていく」という夢も見ています。

「その岩のうち、最初のほうのものは、『十信《じっしん》』という段階、十の信仰という段階を表していて、そのあたりには、自分と一緒《いっしょ》に修行しているような人たちがたくさんいたのだが、だんだん進んでいくうちに、人がいなくなって、自分一人になった」ということを、彼は夢のなかで体験しています。

このように、「海に浮かんだ岩から岩へと飛び移り、五十二段階を進んでいく」という夢も見ています。

明恵は、こういう霊的体験をたくさんして、それを『夢記』に書きました。それが後世まで記録として遺っているのです。夢の内容をここまで本格的に遺した人は、ほかにいないので、「近代の心理学者ユングのようだ」という言い方もされています。

こういう非常に霊的な人です。

また、この人は、木の上で坐禅を組んだりもしていました。歴史家からは、「明恵は日本でただ一人の清僧《せいそう》ではないか。日本で戒律《かいりつ》を本当に守った人というのは、この人だけではないか」と言われています。

明恵は、『華厳経』にある五十二段階の悟りを超えていこうと考えていました。しかも、霊能力を持っており、そういう霊界体験もしていたのです。

④　法然の思想を批判した明恵

明恵と同時期に生まれ、思想的には対立関係にあったのが親鸞です。親鸞は、菩薩の悟りの五十二段階のようなものを認めないのです。「信心においては、（上下や横の関係はなく）全部、一人なのだ。法然の信心も、私の信心も、一緒である。私の信心も、真宗の信者の信心も、一緒である」と述べています。また、「親鸞は弟子一人持たず候《そうろう》」とも述べています。それは、「私が教えているわけではないから」ということです。

「信心は、弥陀《みだ》から、阿弥陀《あみだ》様から頂いているものなのだから、親鸞の信心だろうが、法然の信心だろうが、一般《いっぱん》の人の信心だろうが、一緒である。信心というのは、自力のものではないのだ。また、私が弟子を取って教えたものではないのだ。信心は阿弥陀様からもらったものだから、みんな一緒なのだ」

これが親鸞の思想であり、一乗《いちじょう》思想のような感じが少しします。親鸞は明恵的な五十二段階のようなものを否定しているのです。

これは、みんなで一つの筏《いかだ》に乗っているようなものでしょうか。みんなで一緒に大きな筏に乗って、川を流れて滝壺《たきつぼ》に落ちていくのですが、「『南無阿弥陀仏』と言っていたら死なない」と思い、「南無阿弥陀仏、南無阿弥陀仏」と言いながら、滝壺に落ちていこうとしているというところでしょうか。たとえて言えば、そのような感じかもしれません。

このように、親鸞と明恵とは思想的な対立関係にあるのです。

明恵より少し先輩《せんぱい》の人で、解脱上人《しょうにん》と言われる人がいますが、この人が法然の批判をし、それが念仏宗《ねんぶつしゅう》に対する最初の弾圧《だんあつ》のもとになります。

法然の書いた『選択本願念仏集《せんちゃくほんがんねんぶつしゅう》』（『選択本願念仏集《せんじゃくほんがんねんぶつしゅう》』ともいう）を明恵が手に入れたのは、法然が八十歳で死んだ年（一二一二年）、明恵が四十歳ぐらいのときです。明恵は、法然が亡くなった数カ月後、その年の内に、『摧邪輪《ざいじゃりん》』（邪を摧《くだ》く輪、法輪《ほうりん》）という本を書き、法然の思想を、理論的には完膚《かんぷ》なきまでにたたきのめし、「法然の思想は間違っている」ということを論証しました。

明恵の『摧邪輪』によって、実際上、法然は教義的には葬《ほうむ》られました。そして、「宗教的には間違っている」ということで、以後、念仏宗に対する弾圧が続くのです。

ただ、不思議なことですが、明恵の批判は正しかったにもかかわらず、明恵の教え自体は広がりを持たず、彼は現在、歴史の教科書においては、旧宗教側、鎌倉旧仏教側として、守旧派という感じの分類になっています。そして、急進派だった法然のほうが、後世、弟子が出てきたので、有名になっています。理論的には、明恵の勝ちは、はっきりしているのですが、そういうことになったのです。

平安時代の最澄と徳一《とくいつ》の論争でも、そういうことがありました。徳一の批判で最澄はぼろぼろになったのに、なぜか最澄の系統のほうが遺ってしまっています。不思議なのですが、こういうことはよく起きるのです。

法然に対する明恵の批判は当たっていましたし、明恵の修行スタイルそのものは、釈尊の修行スタイルにかなり近いものがあったようなので、明恵は仏教のスタイルをかなり知っていたのでしょう。

明恵は若いころ、何とかして、天竺《てんじく》、すなわちインドに渡《わた》りたくて、三十歳を過ぎたころに、二回、和歌山の海岸からインドに行こうとするのですが、うまくいきませんでした。春日《かすが》明神《みょうじん》の託宣《たくせん》で、「行ってはならぬ」と止められたため、諦めたのです。

おもしろいことに、彼が一回目の渡航を止められた年は一二〇三年です。これは、イスラム教徒がインドになだれ込《こ》み、密教の寺院として中心的な役割を果たしていたヴィクラマシラー寺を壊《こわ》し、僧侶の多くを殺したため、インドで仏教が壊滅《かいめつ》したとされる年です。彼がインドに行こうと決意していて、「行くなかれ」と止められたのは、まさしく、その年なのです。不思議ですが、そういうことが記録として遺っています。

⑤上求菩提型《じょうぐぼだい》の明恵、下化衆生型《げけしゅじょう》の親鸞

そういう意味で、明恵は、非常におもしろい研究材料になる人ですが、前述した考え方から言えば、上求菩提《じょうぐぼだい》、悟りを求める気持ちのほうが非常に強かった人でしょう。戒律を守り、悟りを求めていた人です。ただ、どちらかというと、やや独覚《どっかく》、辟支仏《びゃくしぶつ》系に近いように見えなくもないところが少し難点です。

明恵は、お寺を持っていて、弟子も少しいました。また、鎌倉武士が立ち上がり、源頼朝《みなもとのよりとも》の軍勢が平氏を駆逐《くちく》したころ、逃げてきた殿上人《てんじょうびと》たちや女房《にょうぼう》たちをかくまったこともあります。そういう面もありますが、どちらかというと、やはり、上求菩提のほうに傾《かたむ》いていた人だと思います。

明恵は現在、旧仏教側の人として片づけられてはいるのですが、山本七平《やまもとしちへい》という評論家の研究によれば、明恵の考え方は後世にも影響《えいきょう》を与《あた》えています。

実は、明恵が平家《へいけ》の落人たちをかなりかくまった関係もあって、幕府の執権《しっけん》である北条泰時《ほうじょうやすとき》と明恵とが会談したところ、北条泰時は、「これは本物だ。この人はすごい人だ」ということで、明恵に帰依したのです。

明恵は、もともと平家の一族の出でした。彼のお父さんは源氏《げんじ》と戦って敗れ、死んだ人です。お母さんも早くに亡くなり、彼は幼くして両親を亡くしています。そのため、九歳で入山したのですが、もともと平家のほうの人だったのです。

私は以前、「あるべき姿」という説法《せっぽう》をしたことがあります（大川隆法著『常勝《じょうしょう》の法』〔幸福の科学出版刊〕所収）。

それと同じような題ですが、明恵は泰時に対し、「あるべきようは」ということを唱《とな》えました。「人には、それぞれ、あるべき姿がある。仏教修行者には、『戒律を守る』という、あるべき姿があるように、帝王《ていおう》には帝王のあるべき姿がある」というようなことを教えたのです。

その精神を汲《く》んで、北条泰時は貞永式目《じょうえいしきもく》をつくったと言われています。歴史の表面には出ていませんが、泰時がつくった貞永式目のなかに、明恵の考え方は、しっかりと入っているのです。

この貞永式目が、その後の武士のあり方を決めたのであり、貞永式目の考え方は明治ぐらいまで続いています。貞永式目は、そういう大きな力を持っていました。そのため、明恵の考え方は、本当は何百年も影響があったのだと言われてはいるのです。

ただ、明恵の動きとしては、やはり上求菩提の面のほうが強かったので、そういう影響については、あまり認識されていません。

一方、同い年の親鸞のほうは、奈良《なら》仏教から比叡山《ひえいざん》までが反対しているなかで、肉食妻帯《にくじき》のパフォーマンスを派手にやったため、各方面から攻撃《こうげき》され、理論的にもさんざん批判され、流罪《るざい》にもなったのですが、九十歳まで生き、長く活動して、シンパをつくっていきました。そして、信者が増えたため、組織の論理が立ったのです。

結局は、親鸞のほうに組織ができ、広がったために、親鸞のほうが有名になっています。組織がつくれなかった明恵は、思想としては高みがあっても、広がりがなかったため、歴史の一点になってしまったのです。

親鸞のほうは、思想として、それほど高みがあるようには見えなかったのですが、広がりがありました。一点突破《とっぱ》をして、いちばん下の人たちをザーッと救いのほうに入れたため、広がりが出たと言うべきでしょうか。

あまり難しいことを言うと、キャンペーンはできないものです。一つの部分だけを取り出せば、キャンペーンができるのです。政治のイデオロギーのようなものでしょうか。そういうキャンペーンをやったものは、組織宗教になって、けっこう広がるのです。

下化衆生《げけしゅじょう》のほうに傾いた人と、上求菩提のほうに傾いた人と、どちらが損で、どちらが得かは、よく考えなくてはいけません。

一般には、頭がよくて勉強好きの人は、上求菩提のほうに行く気《け》が強いのです。どちらかというと、行動派で体力があって体が強い人は、その逆です。

親鸞は性欲で苦しみましたが、それは体が強かったということでしょう。当時において、九十歳まで生きられたということは、普通ではないのです。八十歳まで生きた法然もすごいですが、鎌倉時代という、ろくなものを食べていなかった時代に、九十歳まで生きた親鸞というのは、そうとう強い肉体を持って生まれていたのでしょう。そのため、あちこちを歩きながら伝道もできたのでしょう。

運動部出身のようなタイプの宗教家は、下化衆生型のほうが成功しやすいと言えます。「体力にものを言わせて全国行脚《あんぎゃ》をする」というかたちのほうが、成功しやすいのです。そういう人が勉強をしても、大したことはありません。やはり、「体を使って、大勢の人と握手《あくしゅ》して回る」という方向でやったほうが、宗教的には成功しやすいのです。

体力派でない、頭のほうが中心の人は、どうしても、「上求菩提の方向でやり、思想的なもので影響力を遺す」という考えになるかもしれません。

⑥上求菩提《じょうぐぼだい》と下化衆生《げけしゅじょう》の両輪で

宗教は、上求菩提《じょうぐぼだい》と下化衆生《げけしゅじょう》のどちらにも絞《しぼ》りきれないので、両方やらなくてはいけないし、上求菩提型の人と下化衆生型の人が上手に組み合わさり、両輪になって、やらなければ、宗教としては広がらないというところがあるかもしれません。

法然や親鸞に惹《ひ》かれていくような人は、明恵型はあまり好きではありませんし、明恵に惹かれていくような人は、親鸞型があまり好きではないのです。したがって、タイプが分かれます。

基本的には、菩薩の悟りの五十二段階のような、階層性のある悟りを求めることを嫌《いや》がり、「みんな一緒でよいではないか。みんな一緒にしてほしい」という、平等性を強く言う人と、「努力や、能力、才能の差を認めないと、公平な世界ではない」という見方をする人とがいます。

「自由と平等」は、昔からある二つの流れであり、フランス革命で生まれた考え方というわけではありません。これは、昔から引き合っている二つの流れなのです。

この二つは、仏教にも、もともとあります。

仏教に平等性がないかといえば、そんなことはありません。

釈尊は、在家の人を出家させるときには、四姓《ししょう》平等の立場を取っていました。

「僧侶階級のバラモンも、武士階級のクシャトリヤも、商人階級のヴァイシヤも、奴隷《どれい》階級のシュードラも、その下の不可触賤民《ふかしょくせんみん》の人たちも、釈迦《しゃか》教団に入ったら同じである」ということです。

出家者の序列は、出家の順序、あるいは悟りによって決めるということになっていました。「シュードラの人がバラモンの人より先に出家したならば、奴隷階級出身の人が僧侶階級出身の人の先輩になる」というやり方をしていたのです。

したがって、スタート点における平等というものは非常にはっきりしていました。

これが、ある意味で、仏教の広がりのほうに出てくる思想だろうと思うのです。この思想は人気があります。

しかし、もう一方において、仏教が高みをとことん突き詰《つ》めたのも事実です。

仏教は、悟りの高みを、どこまでもどこまでも求めていたのです。そこには、ついてこられる人も、ついてこられない人もいたでしょう。

そのようなことが仏教の特徴《とくちょう》としてあります。

親鸞と明恵という、同じ年に生まれた僧侶が、他力型と自力型の、まったく正反対のベクトルを持って、鎌倉期にいたわけです。

二人はライバル同士、論敵同士なのに、両者とも菩薩界の上段階にきちんと還《かえ》っているのだから不思議です。

これは、「菩薩の能力は、まだオールマイティーではない。菩薩は一部分の強みをもって教えを広げている」ということでしょう。

そのため、この世では、菩薩がライバル同士、論敵同士になることもあるので、よく気をつけなくてはいけません。互《たが》いに切磋琢磨《せっさたくま》しているあいだに、教えが広がり、隙《すき》がなくなっていって、いろいろなところに仏法が行き渡るということがあるので、意見の合わない人がいても、ある程度の寛容《かんよう》性を持たなくてはいけないのです。

以上、親鸞と明恵について述べました。

4　達磨《だるま》の悟《さと》りと禅宗《ぜんしゅう》の流れ

①　求道心《ぐどうしん》に近い達磨《だるま》の悟《さと》り

『大悟《たいご》の法』では、禅《ぜん》に関しても非常に特徴《とくちょう》的な教えが説かれていますが、頓悟禅《とんごぜん》については第１部で述べているので、今回は深入りはしません。

ただ、禅にも、真宗と同じような問題があります。

禅の悟《さと》りというものを頓悟の悟りで捉《とら》えた場合、「私は止まっている。おまえこそ止まれ」という仏陀《ぶっだ》の一喝《いっかつ》で、アングリマーラが帰依《きえ》し、出家《しゅっけ》したのであるならば、アングリマーラはもうそれで悟りを開いたようにも見えなくもありません。後世の頓悟禅から言えば、そういうことになるでしょう。それは一種の悟りなのでしょう。禅的な悟りではあると思います。アングリマーラとしては、そこで第一段階の悟りを開いたわけです。

しかし、それで終わっているわけではないのです。ここをよく見抜《みぬ》かなくてはいけません。それは修行《しゅぎょう》の入り口なのです。出家して、それからが修行の始まりでしょう。プロとしては、修行を積まなくては、「悟った」「悟りきった」とは言えません。少なくとも大悟はしていません。

これは、悟りというものが一回限りのものなのか、そうではないのかという問題です。このあたりをよく見極《みきわ》めないと、禅宗の流れが分からないのです。

記録的には、禅宗の祖師は、インドから中国に禅を伝えた達磨大師《だるまだいし》です。しかし、禅宗の立場からは、それだけではなく、もともとの祖師は釈尊《しゃくそん》とされています。

確かに、釈尊にも禅宗的なところがあったことは明らかです。釈尊は、ときどき、いろいろなところで禅問答のようなことを行っています。禅宗では、「釈尊はそれを迦葉尊者《かしょうそんじゃ》に伝えたのだ」と考えるのです。

「あるとき、釈尊は、何も言わずに、黙然《もくねん》として花を持ち、その花を手でひねると、少しニコッと笑った。それを見た人たちのなかで、迦葉尊者だけがニコッと笑った。言葉は何も使わずに、以心伝心で、お互《たが》いに分かり合った。これが禅の始まりだ」ということになっています。

ただ、みなさんだって、私の法話を聴《き》いて、分かったようにニコッとすることがあるでしょう。しかし、本当に分かっているかどうかは定《さだ》かではありません。

記録的には、達磨が南インドから中国に渡《わた》り、禅を弘《ひろ》めようとしたことが、禅宗の始まりです。達磨は南インドの身分ある人で、王子だったようです。彼が洞穴《ほらあな》に籠《こも》って九年間の面壁《めんぺき》をしたという「面壁九年」は有名です。

ただ、達磨の言行録を読むかぎり、この人は、私が考えているかたちでの悟りを得ているとは思えません。どう見ても、求道心《ぐどうしん》ぐらいの感じに見えるのです。

現実に、達磨は死後、菩薩界《ぼさつかい》には還《かえ》らず、六次元光明界に還ったようです。もともとは菩薩界の人なのでしょうが、そういう傾向《けいこう》のある人だったのではないかと思います。

達磨は近年、鈴木大拙《すずきだいせつ》という名前で生まれ変わりました。この鈴木大拙は学問的なのですが、やはり、この人の悟りも、私が説いているかたちでの悟りとは違《ちが》うように見えるのです。

彼は、学問的な知性の持ち主で、英語を使って禅宗を弘《ひろ》めたりもしましたし、漢語も得意なのですが、やはり、彼の悟りは、言葉で分かるようなかたちでの悟りではないのではないかという感じがします。何か限界を持っている人のように見えます。

それはどういうことかというと、仏教のもとは、やはり説法《せっぽう》だということです。釈尊は説法によって道を伝え、人々を導いたのです。

禅宗のように、「黙って伝える」といっても、これは、横着というか、「本当かどうか分からない」というところが、どうしても残ります。禅は、スタイルとしては、そういうものなのですが、「中身がどこまで本当の悟りに行っているのか分からない」というところが残るのです。

②　禅《ぜん》の悟《さと》りの問題点

達磨には少し欠けるものがあるように私には見えるのですが、その流れを引いて、六祖慧能《ろくそえのう》の代になった段階で、禅《ぜん》は中国禅として確立します。

いかにも中国っぽいのですが、「勉強なんか要《い》らない。普通《ふつう》の人でも悟《さと》りが開ける」と言っていた、百姓上《ひゃくしょう》がりのような慧能がやれたということで、禅宗には庶民性《しょみん》があり、人気があって広がったのです。そういう面は私も認めます。

しかし、常に、宗教というものは、もとに戻《もど》らなくてはいけないものであり、仏教は、釈尊の本意に返らなくてはいけないところがあるのではないでしょうか。釈尊は、やはり、「緻密《ちみつ》に心のなかを見つめる」ということを勧《すす》めていたのです。

それから、「善も悪もないのだ」という言い方もけっこうなのですが、釈尊が、戒律《かいりつ》を定《さだ》めたりして、いろいろと修行させていたことから見ると、やはり、この世においては、方便として、善へ導くための段階や教えがあったことも事実なのです。

したがって、「発展に見えていても、そうではないかもしれない」というところを考えていただきたいのです。

結局は、坐禅《ざぜん》も、スタイルはどうでもよいのです。もとは何かというと、「澄《す》みきった心を持って、天上界《てんじょうかい》と意識が同通できるようになる」ということなのです。そのようにならなければ駄目《だめ》なのです。

そういう視点で見てどうかというと、禅宗にはスーパースターが次々と出てきて、おもしろいけれども、かなりのところまで行った人もいれば、まったく的外れだった人もいるように見えます。

一休《いっきゅう》禅師は、日本では非常に人気があるし、とんち話もあって子供にも人気があるので、「一休について、あまり悪いことを言ってはいけない」と、いつも思うのです。ただ、マンガに出てくる一休さんはけっこうなのですが、実際の一休の遺した言行録などを見るかぎりでは、私には、彼は悪霊《あくれい》に憑《つ》かれていた人にしか見えないのです。悪霊に憑かれ、奇怪《きかい》な行動をたくさんしていた人のように見えるので、実際にそうだったのでしょう。

禅の持っている異端《いたん》性としては、意表をつくところに関心がありすぎて、オーソドックスな、人間としての正しいあり方のようなものを軽く見たがる気があることです。人の目から見て変わったことをすれば、それが悟りであるように見えるところがあるため、それを衒《てら》いすぎる気があるのです。しかし、それでは、大勢の人はついていけないではないですか。

たまには、そういう人が出ることも悪いことではないのですが、やはり、「話して分かることは、話せ。普通の人に言って分かるようなことは、普通の人に分かるように言え。普通の人ができる修行は、普通の人ができる修行として、きちんと伝えよ」ということです。

「そういうことを超《こ》えたものもあろう。それについては、しかたがない面はある。しかし、最初から、そういう努力を放棄《ほうき》して、普通の人に分からないようなことばかりやろうとするのは、一種の虚栄心《きょえいしん》や名誉心《めいよしん》の表れではないのか」という批判が成り立つように、私には思えるのです。

禅において、現在は、ほとんど頓悟禅しか遺《のこ》っていません。そのなかに悟りはあるのですが、それは、それで終わりではないのです。やはり、「発心《ほっしん》しては悟り、発心しては悟り」ということが必要です。

比叡山《ひえいざん》に登って修行した道元《どうげん》は、「人間は、もともと仏だ」という教えに納得できず、中国に留学までしました。そして、日本に帰ってきたあと、坐禅等をやって、「やはり、仏と仏とが、心が通い合うのではないか」というようなことを思ったようです。それは、体験した者でないと分からないところもあるかもしれません。

平等性と、高みを求める自由性や公平性、この二つの座標軸《ざひょうじく》があり、この二つを持っていなければ、やはり、仏教としては十分ではないのです。

ただ、上下の序列ばかりになっては、これもまた、仏教としては十分ではありません。それでは身分制社会のようになって、少しおかしいのです。

平等性と、差別というか、差別を認める心のあり方、この両方を持たなくてはなりません。この二つを統合していくことが、大きな、包み込《こ》むような悟りなのだということを知っていただきたいと思います。

この講義では、まず、主としてアングリマーラの説話を受けて、親鸞《しんらん》の悪人《あくにん》正機説《しょうきせつ》を取り上げ、それが仏陀の悪人を救う考えと一致《いっち》しているかどうかを検証しました。そして、親鸞と明恵《みょうえ》という、鎌倉《かまくら》時代の同時期の僧侶《そうりょ》を比較《ひかく》しました。さらに、達磨からの禅の流れに関し、真宗と同じような問題点を抱《かか》えているところについて、私の意見を述べました。

これで、『大悟の法』についての残された論点が、かなりカバーされたことと思います。

『悟りと救い』大川隆法著作関連書籍

『大悟の法』（幸福の科学出版刊）
『黄金の法』（同右）
『他力信仰について考える』（同右）
『釈迦の本心』（同右）
『悟りの挑戦（上巻）』（同右）
『悟りの挑戦（下巻）』（同右）
『不成仏の原理』（同右）
『公開霊言 親鸞よ、「悪人こそ救われる」は本当か』（同右）

悟《さと》りと救《すく》い──『大悟の法』講義──

2014年8月26日　初版第1刷

著　者　大《おお》　川《かわ》　隆《りゅう》　法《ほう》

発行所　幸福の科学出版株式会社

〒107-0052 東京都港区赤坂2丁目10番14号
TEL(03)5573-7700
http://www.irhpress.co.jp/

印刷・製本　株式会社 東京研文社

ISBN978-4-86395-528-8 C0014

大川隆法 ベストセラーズ・仏教思想の真髄とは

永遠の仏陀

不滅の光、いまここに

すべての者よ、無限の向上を目指せ——。大宇宙を創造した久遠仏が、生きとし生ける存在に託された願いとは。

1,800円

釈迦の本心

よみがえる仏陀の悟り

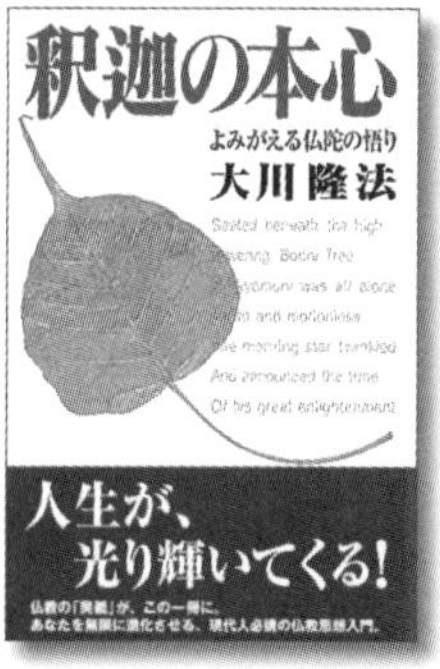

釈尊の出家・成道を再現し、その教えを現代人に分かりやすく書き下ろした仏教思想入門。読者を無限の霊的進化へと導く。

2,000円

仏陀再誕

縁生の弟子たちへのメッセージ

我、再誕す。すべての弟子たちよ、目覚めよ——。二千五百年前、インドの地において説かれた釈迦の直説金《じきせつこん》口《く》の教えが、現代に甦る。

1,748 円

大川隆法 ベストセラーズ・「幸福の科学大学」が目指すもの

宗教学から観た「幸福の科学」学・入門

立宗 27 年目の未来型宗教を分析する

幸福の科学とは、どんな宗教なのか。教義や活動の特徴とは？ 他の宗教との違いとは？ 総裁自らが、宗教学の見地から「幸福の科学」を分析する。

1,500 円

仏教学から観た「幸福の科学」分析

東大名誉教授・中村元と仏教学者・渡辺照宏のパースペクティブ（視覚）から

仏教は「無霊魂説」ではない！ 仏教学の権威 中村元氏の死後 14 年目の衝撃の真実と、渡辺照宏氏の天上界からのメッセージを収録。

1,500 円

幸福の科学の基本教義とは何か

真理と信仰をめぐる幸福論

進化し続ける幸福の科学──本当の幸福とは何か。永遠の真理とは？ 信仰とは何なのか？ 総裁自らが説き明かす未来型宗教を知るためのヒント。

1,500 円

比較宗教学から観た「幸福の科学」学・入門

性のタブーと結婚・出家制度

同性婚、代理出産、クローンなど、人類の新しい課題への答えとは？ 未来志向の「正しさ」を求めて、比較宗教学の視点から、仏陀の真意を検証する。

1,500 円

※表示価格は本体価格（税別）です。

大川隆法 ベストセラーズ・忍耐の時代を切り拓く

忍耐の法

「常識」を逆転させるために

人生のあらゆる苦難を乗り越え、夢や志を実現させる方法が、この一冊に──。混迷の現代を生きるすべての人に贈る待望の「法シリーズ」第20作!

2,000円

「正しき心の探究」の大切さ

靖国参拝批判、中・韓・米の歴史認識……。「真実の歴史観」と「神の正義」とは何かを示し、日本に立ちはだかる問題を解決する、2014年新春提言。

1,500円

自由の革命

日本の国家戦略と世界情勢のゆくえ

「集団的自衛権」は是か非か!? 混迷する国際社会と予断を許さないアジア情勢。今、日本がとるべき国家戦略を緊急提言!

1,500円

大川隆法シリーズ・**最新刊**

幸福の科学大学創立者の精神を学ぶI（概論）

宗教的精神に基づく学問とは何か

いま、教育界に必要な「戦後レジームからの脱却」とは何か。新文明の創造を目指す幸福の科学大学の「建学の精神」を、創立者みずからが語る。

1,500円

幸福の科学大学創立者の精神を学ぶII（概論）

普遍的真理への終わりなき探究

「知識量の増大」と「専門分化」が急速に進む現代の大学教育に必要なものとは何か。幸福の科学大学創立者が「新しき幸福学」の重要性を語る。

1,500円

文部科学大臣・下村博文守護霊インタビュー②

大学設置・学校法人審議会の是非を問う

「学問の自由」に基づく新大学の新設を、“密室政治”によって止めることは許されるのか？ 文科大臣の守護霊に、あらためてその真意を問いただす。

1,400円

※表示価格は本体価格（税別）です。

大川隆法シリーズ・**最新刊**

幸福学概論

個人の幸福から企業・組織の幸福、そして国家と世界の幸福まで、1600冊を超える著書で説かれた縦横無尽な「幸福論」のエッセンスがこの一冊に!

1,500円

ザ・ヒーリングパワー

病気はこうして治る

ガン、心臓病、精神疾患、アトピー……。スピリチュアルな視点から「心と病気」のメカニズムを解明。この一冊があなたの病気に奇跡を起こす!

1,500円

エクソシスト概論

あなたを守る、「悪魔祓い」の基本知識Q&A

悪霊・悪魔は実在する! 憑依現象による不幸や災い、統合失調症や多重人格の霊的背景など、六大神通力を持つ宗教家が明かす「悪魔祓い」の真実。

1,500円

幸福の科学出版

幸福の科学グループの教育事業

Noblesse《ノーブレス》 Oblige《オブリージ》
「高貴なる義務」を果たす、
「真のエリート」を目指せ。

幸福の科学学園
中学校・高等学校（那須本校）

Happy Science Academy Junior and Senior High School

私は、
教育が人間を創ると
信じている一人である。
若い人たちに、
夢とロマンと、精進、
勇気の大切さを伝えたい。
この国を、全世界を、
ユートピアに変えていく力を
出してもらいたいのだ。

（幸福の科学学園 創立記念碑より）

幸福の科学学園 創立者
大川隆法

幸福の科学学園（那須本校）は、幸福の科学の教育理念のもとにつくられた、男女共学、全寮制の中学校・高等学校です。自由闊達な校風のもと、「高度な知性」と「徳育」を融合させ、社会に貢献するリーダーの養成を目指しており、2014年4月には開校四周年を迎えました。

Noblesse《ノーブレス》 Oblige《オブリージ》

「高貴なる義務」を果たす、
「真のエリート」を目指せ。

2013年 春 開校

幸福の科学学園
関西中学校・高等学校

Happy Science Academy
Kansai Junior and Senior High School

私は日本に
真のエリート校を創り、
世界の模範としたい
という気概に満ちている。
『幸福の科学学園』は、
私の『希望』であり、
『宝』でもある。
世界を変えていく、
多才かつ多彩な人材が、
今後、数限りなく
輩出されていくことだろう。
（幸福の科学学園関西校 創立記念碑より）

幸福の科学学園 創立者
大川隆法

滋賀県大津市、美しい琵琶湖の西岸に建つ幸福の科学学園（関西校）は、男女共学、通学も入寮も可能な中学校・高等学校です。発展・繁栄を校風とし、宗教教育や企業家教育を通して、学力と企業家精神、徳力を備えた、未来の世界に責任を持つ「世界のリーダー」を輩出することを目指しています。

幸福の科学学園・教育の特色

「徳ある英才」の創造

教科「宗教」で真理を学び、行事や部活動、寮を含めた学校生活全体で実修して、ノーブレス・オブリージ（高貴なる義務）を果たす「徳ある英才」を育てていきます。

体育祭

天分を伸ばす「創造性教育」

教科「探究創造」で、偉人学習に力を入れると共に、日本文化や国際コミュニケーションなどの教養教育を施すことで、各自が自分の使命・理想像を発見できるよう導きます。さらに高大連携教育で、知識のみならず、知識の応用能力も磨き、企業家精神も養成します。芸術面にも力を入れます。

探究創造科発表会

一人ひとりの進度に合わせた「きめ細やかな進学指導」

熱意溢れる上質の授業をベースに、一人ひとりの強みと弱みを分析して対策を立てます。強みを伸ばす「特別講習」や、弱点を分かるところまでさかのぼって克服する「補講」や「個別指導」で、第一志望に合格する進学指導を実現します。

授業の様子

自立心と友情を育てる「寮制」

寮は、真なる自立を促し、信じ合える仲間をつくる場です。親元を離れ、団体生活を送ることで、縦・横の関係を学び、力強い自立心と友情、社会性を養います。

毎朝夕のお祈りの時間

幸福の科学学園の進学指導

1 英数先行型授業

受験に大切な英語と数学を特に重視。「わかる」（解法理解）まで教え、「できる」（解法応用）、「点がとれる」（スピード訓練）まで繰り返し演習しながら、高校三年間の内容を高校二年までにマスター。高校二年からの文理別科目も余裕で仕上げられる効率的学習設計です。

2 習熟度別授業

英語・数学は、中学一年から習熟度別クラス編成による授業を実施。生徒のレベルに応じてきめ細やかに指導します。各教科ごとに作成された学習計画と、合格までのロードマップに基づいて、大学受験に向けた学力強化を図ります。

3 基礎力強化の補講と個別指導

基礎レベルの強化が必要な生徒には、放課後や夕食後の時間に、英数中心の補講を実施。特に数学においては、授業の中で行われる確認テストで合格に満たない場合は、できるまで徹底した補講を行います。さらに、カフェテリアなどでの質疑対応の形で個別指導も行います。

4 特別講習

夏期・冬期の休業中には、中学一年から高校二年まで、特別講習を実施。中学生は国・数・英の三教科を中心に、高校一年からは五教科でそれぞれ実力別に分けた講座を開講し、実力養成を図ります。高校二年からは、春期講習会も実施し、大学受験に向けて、より強化します。

5 幸福の科学大学（仮称・設置認可申請中）への進学

二〇一五年四月開学予定の幸福の科学大学への進学を目指す生徒を対象に、推薦制度を設ける予定です。留学用英語や専門基礎の先取りなど、社会で役立つ学問の基礎を指導します。

授業の様子

詳しい内容、パンフレット、募集要項のお申し込みは下記まで。

幸福の科学学園 関西中学校・高等学校

〒520-0248
滋賀県大津市仰木の里東2-16-1
TEL.077-573-7774
FAX.077-573-7775
[公式サイト]
www.kansai.happy-science.ac.jp
[お問い合わせ]
info-kansai@happy-science.ac.jp

幸福の科学学園 中学校・高等学校

〒329-3434
栃木県那須郡那須町梁瀬 487-1
TEL.0287-75-7777
FAX.0287-75-7779
[公式サイト]
www.happy-science.ac.jp
[お問い合わせ]
info-js@happy-science.ac.jp

仏法真理塾

サクセスNo.1

未来の菩薩を育て、仏国土ユートピアを目指す！

仏法真理塾「サクセスNo.1」とは

宗教法人幸福の科学による信仰教育の機関です。信仰教育・徳育にウエイトを置きつつ、将来、社会人として活躍するための学力養成にも力を注いでいます。

サクセスNo.1 東京本校（戸越精舎内）

「サクセスNo.1」のねらいには、「仏法真理と子どもの教育面での成長とを一体化させる」ということが根本にあるのです。

大川隆法総裁　御法話「『サクセスNo.1』の精神」より

仏法真理塾「サクセスNo.1」の教育について

信仰教育が育む健全な心

御法話拝聴や祈願、経典の学習会などを通して、仏の子としての「正しい心」を学びます。

学業修行で学力を伸ばす

忍耐力や集中力、克己心を磨き、努力によって道を拓く喜びを体得します。

法友との交流で友情を築く

塾生同士の交流も活発です。お互いに信仰の価値観を共有するなかで、深い友情が育まれます。

●サクセスNo.1は全国に、本校・拠点・支部校を展開しています。

東京本校	TEL.03-5750-0747	FAX.03-5750-0737
名古屋本校	TEL.052-930-6389	FAX.052-930-6390
大阪本校	TEL.06-6271-7787	FAX.06-6271-7831
京滋本校	TEL.075-694-1777	FAX.075-661-8864
神戸本校	TEL.078-381-6227	FAX.078-381-6228
西東京本校	TEL.042-643-0722	FAX.042-643-0723
札幌本校	TEL.011-768-7734	FAX.011-768-7738
福岡本校	TEL.092-732-7200	FAX.092-732-7110
宇都宮本校	TEL.028-611-4780	FAX.028-611-4781
高松本校	TEL.087-811-2775	FAX.087-821-9177
沖縄本校	TEL.098-917-0472	FAX.098-917-0473
広島拠点	TEL.090-4913-7771	FAX.082-533-7733
岡山本校	TEL.086-207-2070	FAX.086-207-2033
北陸拠点	TEL.080-3460-3754	FAX.076-464-1341
大宮拠点	TEL.048-778-9047	FAX.048-778-9047

全国支部校のお問い合わせは、
サクセスNo.1 東京本校（TEL. 03-5750-0747）まで。
メール info@success.irh.jp

エンゼルプランV

信仰教育をベースに、知育や創造活動も行っています。

信仰に基づいて、幼児の心を豊かに育む情操教育を行っています。また、知育や創造活動を通して、ひとりひとりの子どもの個性を大切に伸ばします。お母さんたちの心の交流の場ともなっています。

TEL 03-5750-0757　FAX 03-5750-0767
メール angel-plan-v@kofuku-no-kagaku.or.jp

ネバー・マインド

不登校の子どもたちを支援するスクール。

「ネバー・マインド」とは、幸福の科学グループの不登校児支援スクールです。「信仰教育」と「学業支援」「体力増強」を柱に、合宿をはじめとするさまざまなプログラムで、再登校へのチャレンジと、進路先の受験対策指導、生活リズムの改善、心の通う仲間づくりを応援します。

TEL 03-5750-1741　FAX 03-5750-0734
メール nevermind@happy-science.org

ユー・アー・エンゼル！（あなたは天使！）運動

障害児の不安や悩みに取り組み、ご両親を励まし、勇気づける、障害児支援のボランティア運動です。学生や経験豊富なボランティアを中心に、全国各地で、障害児向けの信仰教育を行っています。保護者向けには、交流会や、医療者・特別支援教育者による勉強会、メール相談を行っています。

TEL 03-5750-1741　FAX 03-5750-0734
メール you-are-angel@happy-science.org

シニア・プラン21

生涯反省で人生を再生・新生し、希望に満ちた生涯現役人生を生きる仏法真理道場です。週1回、開催される研修には、年齢を問わず、多くの方が参加しています。現在、全国8カ所（東京、名古屋、大阪、福岡、新潟、仙台、札幌、千葉）で開校中です。

東京校 TEL 03-6384-0778　FAX 03-6384-0779
メール senior-plan@kofuku-no-kagaku.or.jp

入会のご案内

あなたも、幸福の科学に集い、ほんとうの幸福を見つけてみませんか？

幸福の科学では、大川隆法総裁が説く仏法真理をもとに、
「どうすれば幸福になれるのか、また、
他の人を幸福にできるのか」を学び、実践しています。

入会

大川隆法総裁の教えを信じ、学ぼうとする方なら、どなたでも入会できます。入会された方には、『入会版「正心法語」』が授与されます。（入会の奉納は1,000円目安です）

ネットでも**入会**できます。詳しくは、下記URLへ。
happy-science.jp/joinus

三帰《さんき》誓願《せいがん》

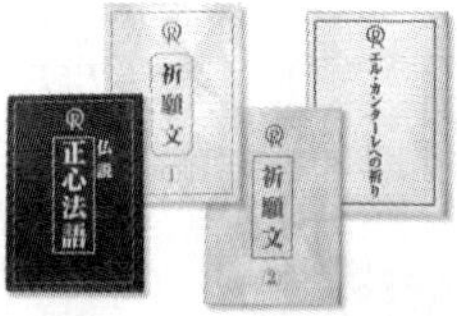

仏弟子としてさらに信仰を深めたい方は、仏・法・僧の三宝への帰依を誓う「三帰誓願式」を受けることができます。三帰誓願者には、『仏説・正心法語』『祈願文①』『祈願文②』『エル・カンターレへの祈り』が授与されます。

植福《しょくふく》の会

植福は、ユートピア建設のために、自分の富を差し出す尊い布施の行為です。布施の機会として、毎月1口1,000円からお申込みいただける、「植福の会」がございます。

「植福の会」に参加された方のうちご希望の方には、幸福の科学の小冊子（毎月1回）をお送りいたします。詳しくは、下記の電話番号までお問い合わせください。

月刊「幸福の科学」

ザ・伝道

ヤング・ブッダ

ヘルメス・エンゼルズ

INFORMATION
幸福の科学サービスセンター
TEL. 03-5793-1727（受付時間 火～金：10～20時／土・日：10～18時）
宗教法人 幸福の科学 公式サイト **happy-science.jp**